言論の飛礫《つぶて》

——不屈のコラム

鎌田慧 著

同時代社

はじめに

ちぎっては投げ　ちぎっては投げ

鎌田慧

いままでも、一週間に一回、このコラムを書く場を東京新聞に与えられている。自分でも信じられないのだが、巻末に「解説」を書いて下さった、田原牧さんによれば、十二年つづいている、という。

いままでも、上梓した自著に、それぞれ収録してきたが、最近の三年分が、ここに集めた文章である。読み返してみて、アベ政治にこだわりすぎている、と思う。といっても、三年間、この悪政のなかで息をつき、生きてきたのだから、と思い返す。目を背けるわけにはいかなかった。

エッセイは、楽しんで書いたほうがいいのに決まっている。が、だんだん、真剣勝負のようになってきたのは、書いても書いても、世の中変わらないからかもしれない。

絶望か。いや、そうでもない。だいたい、たかが筆一本で天下が変わると思うのは、傲慢というものだ。新聞など読まない人たちが変わらなければ、世の中変わるわけはない。

たしかに、「寸鉄人を刺す」という言い方はある。が、いまの日本の権力者はそれほどデリケートにできてはいない。タイトルを「言論の飛礫《つぶて》」としたのはとにかく、物を書く人間は、言論を小石のように投げつづけて、前へむかって進むしかない、という覚悟を示したかったからだ。

麻生太郎自民党副総理は、言いたい放題、品のなさでは当代一の政治家だ。お仲間の安倍総理が空疎な言葉しかもち合わせがないのにくらべれば、無知が原因だとしても、言葉に毒がある分、本音というべきか。

彼がどんな放言をしても、失言にならないのは、何をいっても責任追及されないほどに、自民党の議員が国会内多数を占めているからだ。いまや国会は自民党議員の放言のオンパレードだ。

「新聞読まない人は、全部自民党なんだ」（二〇一八年六月二十四日）、県知事選自民党候補の勝利のあとを受けて、新潟県新発田市での麻生発言は、言論の自由にたいする挑戦といえる。逆にいえば、新聞読んでいる人は、「全部自民党反対なんだ」となる。これでは反対派は「共謀罪」で狙われそうだ。

「ヒトラーを見習おう」。「はめられたんだろう（福田前財務次官セクハラ事件をめぐって、福田氏が被害者の女性に）」などが、麻生副総理の有名な放言である。ややおおげさに言えば、「新聞嫌い」が昂じて、「焚書」の欲望に繋がりかねない。

「新聞嫌い」で、名を馳せたのは、四十六年前、安倍首相の大叔父・佐藤栄作首相である。一九七二年、佐藤首相退陣表明の記者会見で、ムシの居所が悪かったのか、「新聞記者は偏向的だ」と言ってのけた。記者たちはそれに抗議して退場した。記者がいなくなった寒々とした会見場で、ＮＨＫのテレビカメラだけがまわっていた光景は、いまでも記憶にあたらしい。

中国の小説家・魯迅が、仙台の医学学校に留学していたとき、たまたま見た幻灯が彼の生涯を変えた、とのエピソードはよく知られている。

中国人が一人、両手を縛られて広場に座っている。まわりを取り巻く人垣のなかに、大勢の中国人がいる。お祭り騒ぎを見にきた連中だ。ロシア軍のスパイと疑われ、日本軍人によって日本刀で、見せしめに首を斬られる同胞を見物、喝采していた。

「あのことがあって以来、わたしは、医学など少しも大切なことでない、と考えるようになった。愚弱な国民は、たとい体格がどんなに健全で、どんなに長生きしようとも、せいぜい無意味な見せしめの材料と、その見物人になるだけではないか」（小説集『吶喊《とっかん》』自序、竹内好訳）。

さらに、「わたしはどうして小説を書くようになったか」とするエッセイで、魯迅は、「（小説の）力を利用して、社会を改良しよう考えた」「人生のため」「人生を改良せねばならぬと考えていた」（松枝茂夫訳）と書いている。

社会改良、人生の改良といえば、つまりはどんな体制であっても批判しつづける「永続革命」

である。魯迅が生涯に書いた膨大な作品は、小説であれ、エッセイであれ、社会への苦《にが》い批判、諷刺だった。街を引き回された末に、広場で処刑された「阿Q」が、末期に見たのは、群衆の「キラキラ鬼火のように光る」「残忍な狼の眼」だった（『阿Q正伝』）。

もしも、魯迅がいまの時代に生きていたなら、政治的自由よりも、経済に突進する同胞人を、「見せしめにされる人間とその見物人」を批判したように、批判するであろう。麻生流に言えば、「新聞を読まない人間と新聞を読んでも考えない人間」とでも言えるのだろうか。

「人を踏み躙《にじ》って生きる人間」と「踏み躙られても声をださない人間」との区分けの仕方もある。「亡国に至るを知らざれば之れ即ち亡国」とは、田中正造の国会での有名な発言である。いまの生活だけで精一杯。政治的無力感が、哀れな「国民の敵」の処刑を、キラキラした「狼の眼」で眺め、マスコミが大騒ぎする時代になるのは怖い。

ひとを愚弄し、ウソを常套《じょうとう》手段とする、アベ政治をこのまま放置すれば、日本は将来また戦争の悲劇にむかって吶喊《とっかん》する。殺したり、殺されたりする歴史を繰り返すことになろう。その歴史の逆行を食い止めたい。

そのために、ちぎっては投げ、ちぎっては投げの精神で、このちいさなコラムを書きつづけている。

二〇一八年六月二十三日　沖縄慰霊の日に

*目次

2016

2017

2018

凡　例

一、本書は、著者の『東京新聞』での連載「本音のコラム」の二〇一五年四月七日から二〇一八年五月一五日までを年代順に掲載した。各項冒頭の日付は発表号の日付である。

二、本文中の登場人物の年齢・肩書きなどはコラム執筆当時のものとなっている。

2015

「問答無用」内閣

2015

沖縄から帰ってきた菅義偉官房長官の記者会見をテレビで見ていた。「環境問題、住民の安全に配慮する」と語った。

さすがに「粛々と進める」などといって、翁長雄志知事に批判された、「問答無用言語」こそ使わなかったが、せっかくの知事との会談でも聞き置くだけ。

新基地建設を強行しようという、上から目線、すり替えのための「政治の

4月7日

堕落言語」というものでしょう。

沖縄の人たちは、なにも「環境や安全に留意して新基地を建設してくれ」と要求しているのではない。「これ以上沖縄には基地はつくらないでほしい」「これ以上の犠牲を押しつけるな」といっているのだ。

菅長官は、翁長知事が誕生したのは、「基地賛成、反対の結果ではない」と強弁、負けを認めない。

なにがあってもフィードバックなし。見ざる聞かざる政権は、まるで日本帝国陸軍参謀本部の自爆の伝統を守っているようだ。そしてだれも責任を取らない。

彼が沖縄に行ったのは、七日にカーター米国防長官が来日、月末には安倍首相が訪米する日程に合わせた、アリバイづくり。こころは米国にあって、沖縄は訪米の手土産ひとつ。としたら、裏切りはさらに深い。

「世界一危険な軍事空港」は、どこへもっていっても危険だ。まして海兵隊基地は時代遅れで、全面返還こそが解決策だ。もう沖縄へのパワハラはやめろ、沖縄を見捨てるな、と声を上げなくては。

名判決をもう一度

2015

理性なきというか、恐れを知らぬというべきか。電力業界は性懲りもなく、関西電力高浜原発から一点突破、再稼働をはじめようと画策中だ。

ところが、昨年十二月、たった九人の住民が、高浜3、4号機の運転差し止め仮処分を福井地裁に申し立て、関電を周章狼狽《ろうばい》させた。

裁判長は第二回審尋日を、福島事故悲劇の記念日の三月十一日に指定した（意味深甚）。これで負けを予測せざるを得なくなった被告関電は、大会社に

4月14日

あるまじき、「裁判官忌避」という、とんでもない戦術にでた。が、きょう十四日の午後、福井地裁は命令をだす。全国の原発反対運動を担ってきた人たちは、「3、4号機を運転してはならない」との命令がだされることを確信している。なぜか。

裁判長は昨年五月、歴史的な名判決をだした、あの樋口英明判事だからである。

「豊かな国土とそこに国民が根を下ろして生活していることが国富であり、これを取り戻すことができなくなることが国富の喪失」

原発推進、沖縄虐待、戦争一本道、理性の声を拒否する、頑迷・安倍首相でも、理解できそうな人間の声である。

樋口裁判長はこのとき、「幾世代にもわたる後の人びとにたいする我々世代の道義的な責任」と強調した。

高浜決定につづいて、二十二日には、川内原発の運転差し止め仮処分について決定がでる。元気をだそう。

あゝわからない

明治、大正の演歌師、添田唖蟬坊《そえだあぜんぼう》に倣《なら》って。

あゝわからない、わからない。安倍さんのやること、わからない。アベノミックスというけれど、表面《うわべ》ばかりじゃわからない。株価上がった、利益がふえた。ふえたふえたは貧乏人。やることなすことアベコベだ。
あゝわからない、わからない。沖縄いじめはわからない。辺野古差し出す

2015

4月21日

御用聞き。粛々進めてアメリカ詣で。拍手受けたい欲がある。あつかましさにも程がある。

あゝわからない、わからない。安全、安心、安価、安定、安倍さんトークがわからない。日本の原発世界一、爆発、死の灰なんのその、あとは野となれ山となれ。行方不明の燃料棒、どこへいったかわからない。はやる心がわからない。

あゝわからない、わからない。戦争法は平和法、何がなんだかわからない。はやくやりたい戦争ごっこ。いつでもどこでも駆けつける、日本軍の頼もしさ。ポチはポチでもアメリカの、こんな危ないことはない。こんなバカげたことはない。

あゝわからない、わからない。NHK、民放、大新聞、口をふさがれ黙っている。安倍さんばかりが出ずっぱり、これはほんとにわからない。日本の将来、わからない。頭隠して尻かくさず、解釈改憲わからない。

わからないじゃ、わからない。わからないじゃ、死ぬばかり。

無責任核サイクル

2015

これまでも、裁判所への幻滅は少なくなかった。が、二十二日、川内原発再稼働差し止め請求を却下した、鹿児島地裁の百九十九ページにもおよぶ決定書は、九州電力の主張をなぞっただけのもので、一読して唖然《あぜん》、だった。たとえば、福島事故を踏まえた「重大事故が発生し得ることを前提とする安全対策」の見直しによって、「重要な施設・設備に問題を生じた場合でも、放射性物質の外部環境への大規模な放出を相当程度防ぐことができることと

4月28日

なった」と書かれている。

原発事故では事故を想定した「多重防護」の理論など机上の空論で、あっさり吹き飛ばされた事実こそ、フクシマの教訓だったはずだ。前田郁勝裁判長の、この根拠のない楽観主義は無責任すぎる。

その八日前の福井地裁・樋口英明裁判長の決定書は僅々《きんきん》四十六ページだが、「深刻な災害を引き起こすおそれが万が一にもないといえるような厳格な内容」が再稼働の基準だ、として、原子力規制委員会の「新規制基準は緩やかにすぎる」と断じている。主張は明快である。

田中俊一原子力規制委員長の「基準の適合性は見るが、安全ということは申し上げない」との発言も無責任にすぎる。

それでも彼は「審査を粛々と進める」としている。つまりは「国策民営」、親方日の丸。

再稼働のスイッチを押す九電に、事故の責任を取る気があるのか、聞いてみたい。

家族の受難

2015

戦前はもとより、戦後になっても、「らい予防法」によってハンセン病の人たちは強制隔離されてきた。その少数の人たちが決起、国を相手に損害賠償請求の訴えを起こした。

この長い苦闘に勝利したのは、二〇〇一年五月二十三日だった。

不自由な身体で首相官邸に押しかけ、座りこんだ原告の決死の訴えが、小泉首相に「控訴断念」を決断させた。「生きるに値しない人間として生きて

5月5日

きた」と、この人たちにいわせたのは、わたしたちの無関心だった。

あれから十四年がたって、首相官邸に座り込んだ多くの人たちが他界した。元ハンセン病の人たちはいま千八百人を切った。平均年齢八十歳以上の人たちである。

被害者は、強制収容され、名前を変えさせられ、虐待(断種と堕胎の強制)された人ばかりではない。

家を消毒され、サーベルを提げた警官に引き立てられ、突如として肉親を奪われた家族たちも、忌避、排除、差別から逃れられなかった。

黒坂愛衣さんの近刊『ハンセン病家族の物語』は、この国家の犯罪というべきハンセン病者抑圧の歴史を、十二家族からつぶさに聞き取った貴重な記録である。

わたしも参加する「ハンセン病市民学会」は、九日十三時から、千代田区の日経ビルで、さらに十日九時半から、東村山市の多磨全生園で、十一回目の、将来を見すえる交流集会をひらく。

カイゼンと人権

2015

純利益二兆円（二〇一五年三月期）。国内上場企業初の快挙、トヨタの瞠目《どうもく》的決算である。

燃料電池車「ミライ」の安倍官邸への納入、「トヨタ五輪」を可能とする、国際オリンピック委員会（ＩＯＣ）との最高位スポンサー契約締結。「トヨタ！進撃再開」「その存在は自動車会社を超えた」とは、伝統的な経済誌の特集タイトルである。

5月12日

でも、と異論を唱えて嫌われたいわけではない。が、お忘れではございませんか、とあえて言いたい。フィリピントヨタでは、十四年間も労働争議がつづいている。それを早く解決して、「世界的企業」の鷹揚《おうよう》さをみせてほしい。

フィリピントヨタで〇一年、労働組合が結成されたが、会社側が二百三十三人を解雇（後に四人追加）した。それから、工場を追われた組合員と家族による解雇撤回闘争がはじまった。

これまでも国際労働機関（ＩＬＯ）が「解雇を撤回して被解雇者を職場復帰させるか、適正な補償金を支払うか」して解決しなさい、との勧告をだしている。ところが、フィリピントヨタは、最高裁判決で勝訴したとして「勧告に従う法的責任はない」と拒否している。

進出国の法律枠ぎりぎりのところで利潤を図るのではなく、国際的、先進的な感覚で団結権、さらに人権を認める。それがトヨタお得意の「カイゼン」のはず。それがグローバル化した、国際的大企業の社会的責任、というものではありませんか。

沖縄と日本の未来

2015

「われわれは屈しない」と沖縄が叫ぶとき、わたしは身が縮まる思いにさせられる。

沖縄の「われわれ」を圧迫しているのは、米軍と一体化した安倍政権だ。しかし、その政府をささえているのは、ほかならぬ「本土のわれわれ」だからだ。

沖縄の「われわれ」と本土の「われわれ」は、対立分断させられている。

5月19日

戦後の七十年間、危険装置は沖縄に預けて、本土は平和を堪能してきた。かろうじて遺《のこ》されてきた、ジュゴンが訪れるあの晴れやかな辺野古の海をつぶし、鎮《しず》かなサンゴ礁を破壊して、獰猛《どうもう》な米軍基地が建設される、と想像するだけでも、胸塞《ふさ》がれる思いにさせられる。

翁長雄志沖縄知事の主張は、「誇りある豊かさ」である。基地経済や原発経済は、「屈辱的な貧しさ」なのだ。

翁長県政の拒否宣言は、本土の「われわれ」を目覚めさせた。沖縄の拒否をわらい、抵抗する市民を排除し工事を強行しているのが、安倍悪政だ。

五年前、小著のタイトルを『沖縄　抵抗と希望の島』とした。沖縄の戦中、戦後にわたる絶望と抵抗が、いま沖縄と日本のあらたな時代をつくる、希望の礎と考えたからだ。

沖縄は安倍政権と対峙《たいじ》して、一歩もひかない。沖縄の矜持《きょうじ》に励まされ、日本も米政府と対峙し、従属から脱却しよう。

沖縄を孤立させない。二十四日午後二時、沖縄連帯、「人間の鎖」で国会を包囲する。沖縄に連帯の握手を。

1億総背番号制度

年に何回か、息子を名乗った男から、電話がかかってくる。「お前、ずいぶん声がちがうね」。テキもさるもの。「昨日から風邪をひいてね、病院に行こうと思っているんだ」と答える。息子より若い声である。会社のカネを使い込んだ、とかの古典的な手法だ。たいがい、「明日、会社の人から電話があるから」といって切れる。翌日、別人から電話が来るが、ちっとも驚かないので、脈がないと判断するようだ。

2015

5月26日

おなじような電話が、もうなんど来たかわからない。家族の情報が漏れているのだ。

「マイナンバー」制度は、まだ実施されていないのに、すでに個人情報はダダ漏れだ。三十八年前、わたしは原発とコンピューター社会の情報管理支配を暴露する『ガラスの檻《おり》の中で』を出版した。

その前から、自民党の中山太郎議員は、著書『一億総背番号』で、「『プライバシー〝侵害〟の恐れがあるから反対する』という意見は、『ハイジャックがはやるから飛行機を廃止しろ』というのと同じで社会の進歩に逆行する」と脅していた。

自民党四十年超にわたる国民支配の執念である。マイナンバーとは、誕生から食肉店のショーウインドーに至るまで、牛肉の全生涯を管理する、背番号制《トレーサビリティー》の別名。人間の魂にまで手を突っ込もうとする悪法である。個人にメリットはなにもない。

「オレオレあんちゃん」の口車よりも、はるかにたちが悪い。

専守防衛の逸脱

2015

テレビの国会中継を毎日眺めている。平和安全法制特別委員会。「平和安全」というが、実際は「戦争危険」の不安が強い。だから目を離せない。「私が責任者」を気負う安倍首相に、沈着冷静さはない。質問者をあざ笑ってぶつぶつ言い、「早く質問しろ」と野次り、防衛大臣にあてられている質問を「ハイハイ」と前にでて自分で引き取る。この軽挙妄動が怖い。

6月2日

米国の議会で語った「希望の軍事同盟」とか、集団的自衛権行使の法整備は夏までに決着つける、と日本の国会を無視したスタンドプレーが、空手形になるのを恐れている。

「積極的平和主義」などといって、「平和」を装っても、集団的自衛権行使とは、武力行使の解禁である。「日本と密接な関係にある他国が武力攻撃され、わが国の存立が脅かされる事態」とかいって、派兵するのも専守防衛と強弁する。

「他衛」を「防衛」、「戦争」を「平和」と言い換える、歪曲言語《わいきょくスピーチ》。日本が攻撃されなくとも、他国の領海、領空、領土まで踏み込む。それを「例外的な」専守防衛、といいくるめようとする。歯止めなき拡大解釈。

それを既成事実として、憲法改悪を実質化する。狙いが透けてみえる。

戦争仲間になって褒められるよりも、もう殺したり殺されたりする野蛮には手を貸さない。暴力の連鎖から脱却しよう。

毅然《きぜん》として米政府に忠告するほうが、極東の島国にはよく似合う。それが平和憲法の精神だ。

「開戦論」の流行

2015

「兵は凶器である。戦争は罪悪である。平和と進歩と幸福とを愛する者は、あくまでもこれに反対しなければならぬ」

いまから百十二年前、一九〇三年六月、日露開戦論にわかに興り、「ロシア撃つべし」の世論がたかまったとき、幸徳秋水は在籍していた「萬朝報《よろずちょうほう》」で戦争反対の論陣を張って、これに水を差した。

時の政府には前年、日英同盟条約を調印、一等国になったとの驕慢があっ

6月9日

た。

米国議会に出かけ、日米軍事同盟を「希望の同盟」と見栄を張り、問題だらけの「戦争法案」の成立を、国会開会前に米政府に空約束する軽挙妄動。安倍さん、お前さん、米国と日本のどっちをむいているのか。どっちの首相なのか。

こんな「責任者」では、一旦《いったん》緩急あったとき、前へつんのめるばかり。国民の大事な命を粗末にするだけで心もとない。

文筆の最後の牙城だった「萬朝報」も、ついに開戦論に傾く。三十三歳だった幸徳は退社、「平民新聞」を創刊する。「世界を挙げて軍備を撤去し、戦争を禁絶せんことを期す」。創刊号を飾った宣言である。

「戦争禁絶」。憲法九条の精神そのものだ。安倍さん。後世の歴史に、日本を戦争の危機にさらした愚鈍の首相としてではなく、「平和的傾向を有し且《か》つ責任ある政府を樹立して、占領軍を直ちに撤収させる」（ポツダム宣言一二条から）名君として、名を遺《のこ》したらどうか。

否定される議会主義

2015

最近、国会正門前に立つことが多い。ここに集まってきた人たちと抗議の声を上げる。目の前にある「議会政治の殿堂」が、いまほど空虚に見えることはなかった。

巨大な建物の一室で、野党の質問を受ける首相や大臣は、自席の横に小走りに走ってきては耳打ちする、秘書官たちの知恵に助けられながら、はぐらかし、あざ笑い、ときどき野次っては、「多数は正義」を満喫している。

6月16日

ドイツのワイマール憲法があっても、「(ナチス憲法に) いつのまにか変わっていた。誰も気がつかない間に変わった。あの手口に学んだらどうか」と期待を込めていった麻生太郎副総理や「政府が判断する」が口癖の安倍晋三首相の横暴は、「多数は正義」の確信犯だからだ。

国会内では多数でも世論の過半は支持していない。平和主義、国民主権、基本的人権が、日本国憲法の三大要素である。戦争はしない。少数者を尊重する。言論、表現を守る。

戦後とはこの理念の拡大を目指した歴史だったはずが、自衛隊の海外派兵、原発再稼働、沖縄新基地建設強行、派遣労働の拡大をみれば、すべての否定が一挙にはじまっている。

三十六年前、銃弾工場を取材した。試射場でライフルの弾丸を手のひらに載せてもらった。先端が鋭く研ぎ澄まされた重い弾がギラッと光って、わたしは射貫かれたように感じた。これから海外で、誰にむけて発射するのか。

うりずんの雨

2015

米軍の沖縄島への猛攻撃で、日米二十万人以上の死者がでた。住民の死者は四人に一人。目の前で住民を巻きこんだ戦闘はどんな恐怖だったろうか。集団自死もあった。米兵ばかりか、日本軍も加害者だった。生き残った人たちの心の傷を思えば、言葉はない。

今日、「沖縄慰霊の日」である。もしも日本がばかげた戦争をはじめていなかったら、アジアの二千万人は殺されなかった。沖縄も広島も長崎も、東

6月23日

京など各都市での非業の死もなかった。

わたしたち日本人が背負っている罪は深くて重い。海外ばかりか沖縄、本土でも、家族のもとにもどっていない膨大な遺骨がある。

ジャン・ユンカーマン監督のドキュメンタリー映画「沖縄　うりずんの雨」は、沖縄戦のあいだ降りそぼっていた「潤いの雨」をタイトルにしている。作品冒頭に、ペリー米海軍提督が登場する。そのころから沖縄は植民地として狙われていた。

一九九五年、基地の町で、海兵隊員三人が小学女生徒に性的暴行を行った。その一人が実名で登場する。当時二十一歳。「軽い気持ち」で少女を陵辱していた。この植民者意識は、旧日本軍にも共通している。

殺人を称賛する国が、沖縄に新基地をつくる。それに協力するだけでも日本の罪は重い。さらに米軍と一緒になって人を殺す法律を、いま政府は強行しようとしている。これほどの退廃はない。

片道切符

2015

反省も謝罪もなく、グズグズしているうち、戦争を知らない「恐るべき子どもたち」が、この国の権力を握るようになった。

自民党の勉強会で、「沖縄の二つの新聞をつぶせ」と盛り上がったそうだが、まるで焚書《ふんしょ》まで進みそうな悪のりだ。

戦艦大和の沖縄進撃など、神がかり的な玉砕主義は大きな禍根を残した。

その教訓に学ばず、戦後も原子力船「むつ」の挫折、原発再稼働の強行、新

6月30日

米軍基地建設の突進など、理性なき暴走がつづいている。

　戦時中に軍人の精神を支配した戦陣訓は「生きて虜囚の辱めを受けず」がよく知られ、沖縄住民の集団死強制にまでつながった。先週もこの欄に書いたが、海外のいまだ眠る野ざらしの遺骨は無量百万にもおよぶ。

「海ゆかば水漬《みづ》く屍《かばね》、山ゆかば草むす屍、大君《おおきみ》の辺《へ》にこそ死なめ、かえりみはせじ」。この悲愴《ひそう》な軍歌は、死者の人権ばかりか、遺骨収集などは考えていない、靖国神社にすべて収容する、という大雑把《おおざっぱ》さだった。

「屍を戦野に曝《さら》すは固《もと》より軍人の覚悟なり。縦《たと》ひ遺骨の還らざることあるも、敢《あえ》て意とせざる様予《かね》て家人に含め置くべし」。戦陣訓の一節である。

　帰りの切符をもたせない、ただ前のめりの突撃。戦争反対を主張する沖縄の新聞への「処分」の勧奨は、自民党党員、いや血気にはやる青年将校たちのＤＮＡのようだ。

自衛隊から米衛隊へ

2015

多数をたのんで横車をおす自民党は、やがてまた「おごれる平家久しからず」の轍《てつ》を踏む。この憲法無視の傲慢《ごうまん》内閣に人びとは不安と恐怖を感じはじめた。

「平和」を掲げてきた公明党は、これだけ参戦の危険が深まってもなんのその、ひたすら自民に追随してどこまでも、の迎合である。

野党のはずの維新の党は、ここで存在アピールのチャンスとばかり、最高

7月7日

顧問・橋下徹大阪市長が安倍首相と会談、そのあと、代案「武力攻撃危機事態」をもちだした。

しかし、政府案の「存立危機事態」をすこしきびしく規定しただけだ。「自衛権」を使える要件を、日本の周辺で米軍が攻撃され、日本も攻撃される危険性が高い場合のみ、とした。

いままでの個別的自衛権を拡大したようにみえる。が、日本への攻撃がなくとも、日本周辺の米軍が攻撃されれば武力行使に踏み切る、というのだから、昨年七月一日の、「集団的自衛権行使」を認めた、クーデター的、違憲の「閣議決定」への批判はひと言もない。

安倍首相は米国の両院議会で約束してきたように、とにかくこの国会での、違憲法案の成立を狙っている。

維新の党の代案提出は、違憲批判に曝《さら》され、孤立しはじめた自公内閣への秋波であり、助け舟である。こんな煙幕がなければ、野党そろって強行採決に反対して退場できた。六〇年日米安保闘争時のように、「歴史的な暴挙」として、歴史に記録されたのだ。

強行採決のあとで

2015

安倍首相の官邸執務室には、祖父の岸信介首相とアイゼンハワー米大統領が、並んで署名している写真が飾られてあるそうだ。一九六〇年一月、ホワイトハウスでの日米安全保障条約署名の瞬間である。歴史は繰り返すというが、安倍首相はただ、祖父の手法をなぞっているだけだ。訪米して大統領に約束、国会延長、強行採決。そして岸首相は世論の批判を浴びて退陣した。

7月14日

そのあと、岸首相は右翼に太腿《ふともも》を刺され、社会党の浅沼稲次郎委員長は刺殺された。結局、自民党は右翼をうまく使いこなせなかった。

安倍政権は右派と言われているが、右翼であっても、米国に従属を深めているのが、不思議議である。

迷彩服にヘルメット姿の首相が、戦車隊長のように、戦車の上から手を振るはしゃぎ過ぎは、記憶にあたらしい。「我が軍は」と得意そうにいったりするのは、戦争の殺戮《りく》に思いが至らないからだ。

「私がやりたいことと、国民がまずこれをやってくれということが、必ずしも一致していなかった。そのことがしっかり見えていなかった。私が一番反省しているのは、その点です」

この殊勝な反省は、第一次安倍政権崩壊の総括（「週刊文春」一三年四月二四日）だ。しかし、なにも学習していないじゃないか、やってほしくないことだけをやっている。

「民主主義を破壊した」と祖父は五十五年前、批判された。その祖父の強行採決とおなじ轍《てつ》を踏んでいる。自分の墓穴を掘るだけだ。

憲法を畏れよ

2015

怒号を浴びて「戦争法案」が衆院特別委員会で強行可決された。その直後、内閣法制局長官が防衛大臣の手を握り、ペコペコするのをテレビで見た。「憲法の番人」が、防衛大臣の機嫌を取るようでは、この世はヤミだ。「アンダーコントロール」は、安倍首相の決まり文句だが、憲法のコントロールから逸脱する政権は、無法政権だ。

国会にはかる前に、米大統領に「夏までに決めます」と約束して来た。

7月21日

「主権在民」を無視する売国政権だ。

違憲の法案を強行可決するのは、法を畏れず、主権者をバカにする行為である。廃案にするまで抗議の声を上げつづけたい。

安倍首相の祖父・岸信介元首相は、新安保条約を強行可決して、政権から転落した。あとを受けた池田勇人元首相にたいして、石橋湛山元首相は、改定された安保は「行政権にたいする白紙委任状的性格を特徴とする」と断じた。

そのあと、「日本政府の取るべき態度はきわめて簡単明瞭。自国の憲法に立脚すればよい」と言い、「アメリカの内政干渉をも断固として拒否し、世界平和への先駆者たるの使命を果たす」とも励ましている。

それ以来、自民党も内閣法制局も憲法九条に依拠して、集団的自衛権に歯止めをかけてきた。その誇りを投げ捨て、無知と無法をほしいまま。安倍政権の転落は、時間の問題である。

沖縄の怒り、原発被災者の怒り、無権利労働者の怒り、農民の怒りは、まだまだつづく。

自衛隊と消防隊

2015

地方にいて、たまたま、テレビで安倍首相が平和安全（実は戦争危険）法案について語るのを見た。テレビに出るのがすくなくなった、とぼやいているとのゴシップ記事は読んでいた。

さっそく出番をつくるテレビ局があらわれたのだ。これがバカげていて、一時間以上も眺めてしまった。

すこし前、国会にもちだされたのは、「避難する邦人」のポンチ絵だった。

7月28日

戦争法の必要性を説明する紙芝居だが、こんどは珍妙な立体模型だ。

家が三軒並んでいる。アメリカ家と日本家のあいだに、アメリカの別宅がある。アメリカ家が火事になって別宅が類焼、火の粉が日本家の上に迫ってくる。

そのとき、消防服に身を固め、消火器を携え、日本家の屋敷のそとへ出動する消防隊員の姿をみせながら、消火器の模型を振りまわして首相は得意顔。「持っていくのは武器だろう」とつい画面に突っ込みをいれてしまった。しらじらしいなぁ。自衛隊員が消火器を携え外国にいくのなら、だれも反対しない。

「鎮火」は「制圧」の隠喩なのだろうが、視聴者をこの程度と見下している、その高のくくり方が悲しい。カニは自分の甲羅に似せて穴を掘るともいわれている。

さすがに、KY（空気が読めない）との評判をとっている強気の首相も弱気になって、自衛隊を国際貢献の消防隊に改組したい、と本気で思うようになったら、メデタイ。

安倍談話の行方

2015

戦後七十年。「安倍首相談話」の発表がいよいよちかづいている。

日中戦争からアジア太平洋戦争まで、日本が犯した加害責任を、歴代首相のように真摯《しんし》に反省謝罪して、戦争へむかう道は絶対引き返さないと誓うのか、それとも曖昧なものにして、世界からの不信をさらに強めるのか。

戦争法案の論議のなかで、安倍首相の戦争についての認識が皮相浅薄、言葉にこころがこもっていないことが露呈している。原発のように、戦争を再

8月4日

稼働させたがる首相は危険極まりない。

しかし、首相に愚かな戦争を準備させないためには、市民の反省と決意が必要だ。いま「民衆談話」運動がひろがっている。アジアへの侵略をささえたのは、一人ひとりの日本人だったのだ。

関東大震災の混乱のなかで、朝鮮人や中国人を大量に殺害し、敗戦間際に秋田の花岡鉱山で中国人労働者を殺害したのも市民だった。

日本帝国軍隊の加害ばかりか、わたしたち一人ひとりのアジアへ加害と痛恨の思いが、安倍内閣の戦争法案にたいする反対運動にふくまれている。

敗戦後、一九五〇年の朝鮮戦争のときに、日本企業は、五百二十億円以上（当時の金額）もの砲弾など、軍需物資を米軍に納入した。その砲弾は確実に朝鮮人を殺していた。

戦後の「復興」は朝鮮民衆の犠牲と引き換えだった。戦争責任ばかりか、「戦後責任」も大きい。安倍内閣の「兵器輸出解禁」は、その事実を隠している。

いのちとおかね

2015

きょう十一日に再稼働を強行しようとしている九州電力川内原発の正門前に、三日間、つづけてやってきた。

鋼鉄製の車止めを三重にしたバリケードの前とうしろに、警官隊とガードマンが立ちふさがっている。

こうまでしなければ、稼働できない工場とはなんなのか。

九日の日曜は、原発すぐ裏の久三崎《ぐみさき》海岸に、全国から二千人以上が集まっ

8月11日

た。このうち東京近辺から参加した百九人の飛行機代の半分は、一口千円の資金カンパで賄った。

現地へいきたくとも時間のない人はおカネをだし、時間のある人がカンパで、鹿児島の原発前まで抗議にいく。相互扶助の連帯運動である。

飛行機一台をチャーターしよう、と最初は気宇壮大だったが、時間がたりなかった。

いま、脱原発も脱戦争も沖縄の辺野古新基地建設反対も、市民一人ひとりの決意性と責任性で行われている。それだけに、なにがあっても挫折せず、ひるむことなく持続している。

かつてのように、大労組や政党が組織動員しなくても、たくさんの市民が集まるようになった。

原発が喧伝《けんでん》してきた安全、安価、安定のウソは、すべて破綻した。破綻した原発にまだかじりついているのは、電機メーカーと電力会社などの関連業界、そこから金銭的、政治的支援をえている政治家たち。いまや少数だ。

いのちをカネに換える、このバチ当たりたちに、未来はない。

ヘソのない話

2015

しらじらしいなぁ。安倍談話を読んでの感想だ。米軍とともに世界の戦争に参加する法案を強行採決した後に、日露戦争はアジア・アフリカのためだった、と傲慢《ごうまん》談話。そのどこに「積極的平和主義」の精神があるのだ。「断腸の念」とか「深い悔悟」など美辞麗句がてんこ盛り。全編これ被害者史観で、おのれの加害責任への反省がなく、言葉にヘソがない。

そればかりか、相手に甘えて「寛容」を強調している。その舌の根も乾か

8月18日

ぬうちに、こんどは、「子や孫、その先の世代の子どもたちに、謝罪をつづける宿命を背負わせてはなりません」と断言する。

謝罪が十分か、まだ足りないか、それを判断するのは、被害を受けた相手の側であって、時間がたったからもういいだろう、いつまでいうんだ、「宿命を背負わせるな」。反省と謝罪を値切って、寛容を押しつける傲慢。

この冗漫にして、のっぺらぼうな作文には、国会答弁でいつも「わたしが責任者」とミエを切っているクセに、文責者の決意と責任性がこめられていない。

言葉としては「武力の威嚇や行使も（中略）二度と用いてはならない」とはある。が、憲法のように「永久に放棄する」とは明言しない。

安倍さん、なにをいっても信用されないのは、「平和」「安全」と口先では言いながら、軍事予算は増やすは、軍備は増強するは、と衣の下の鎧《よろい》が剝《む》きだし、野望が丸見えだからだ。

花火と政権

2015

鳴り物入りだった、安倍首相の戦後七十年談話は、勇ましくも、日露戦争の勝利から書き出されたものの、途中で腰砕け。結局、侵略、反省、謝罪を踏襲。しかし、主語は外して、責任を負わない中途半端。過去を振り切って喝采を浴びようとした野望も、振りかざした刀を止められた形になった。

被害者に「寛容」を強要して、「謝罪をつづける宿命」から脱却しようとする思惑が、行間に透けて見えて、国際的にも恥ずかしい談話となった。

8月25日

猛暑のうちにも、秋の気配が感じられる今日このごろ、原発は無理やり再稼働させられ、またも危険とともに暮らすようになった。戦争法案強行採決の危険も高まっている。

秋風とともに安倍内閣の支持率は落ちるばかりだが、「談話」打ち上げの前、安倍さんは妻の昭恵さんと帰郷した。「関門海峡花火大会」に出かけ、ワイシャツ姿で手を振り上げ、演説した。

「経済政策で花火のように日本経済がどんどん上がっていき、みなさんの収入も上がっていくように頑張っていきたい」

線香花火とはいわないにしても、パッと咲いてパッと散る、花火のような経済。花火のような、音ばかりの賃上げとは正直だ。「アベノミクス」の張本人がいってはいけない、正体見たり枯れ尾花。

川内原発にちかい桜島が山体膨張。相模原米軍基地内で爆発事故。川崎市の鉄鋼工場でも爆発。制御《コントロール》なき政治はさらに危険だ。

広場と民主主義

2015

「東京に空がない」といったのは高村智恵子だが、それに倣って、「東京には広場がない」といいいたい。

都心にある明治公園は、問題の「新国立競技場」建設で使えない。日比谷公園の野外音楽堂は四千人の収容能力。

数万人がはいれるのは代々木公園だが、たいがいイベントでふさがっていて、集会に借りられるのは年に数回しかない。

9月1日

三十日の安保法案反対集会は、「警察関係者による」と三万人程度。最近は、意識的に過小な数字をマスコミは使わなかったが、一部の新聞は平然と使いだした。「当局発表」に新聞は責任を負わない。それが客観報道(冤罪《えんざい》被害をみよ)のあしき伝統だ。

広場がなくては、一カ所に集まれない。

三十日は過剰規制が人波で決壊して、議事堂正門前大通りの大群が可視化できた。それ以外にも国会の周りの歩道はもちろん、最高裁から国土交通省、外務省、財務省の霞が関一帯、日比谷公園前まで人であふれた。

警察がウソをついてはいけない。

広場がないのは、政府に抗議する人たちを分散して隠す、一種の陰謀といえる。大きな広場があれば、おのずから人は集まりやすくなる。

一九五二年ごろまで、皇居前広場は、ひらかれた場所だった。それが禁止されていまに至る。公安条例で、集会、デモは厳しく制限されている。それでも民主主義国家といえるのか。

安保法案と沖縄

2015

わたしは、青森県出身者なので、なんでこんなに、青森ばかりに危険なものをもってくるんだ、との怒りがある。

「核センター」とでも呼ぶべき、核の集中立地だ。六ケ所村には、故障ばかりの再処理工場を中心に、濃縮ウラン工場やウランとプルトニウムを加工するＭＯＸ工場、英仏から帰ってきたプルトニウムと原発使用済み燃料の高レベル核廃棄物、さらに低レベル核廃棄物。

9月8日

普通の原発（東通村の東北電力と東京電力各一基）ばかりか、もっとも危険な、全量ＭＯＸ燃料の実験的な原発（大間町）、さらに核廃棄物の中間貯蔵場（むつ市）、油断していると、最終処分場も持ち込まれそうだ。

はじめは、輝かしい、大工業開発の看板を掲げ、農地や牧場が買収された。その全部がウソだった。

それよりひどいのは沖縄だ。戦争で奪われた島である。住民四人に一人が戦争に巻き込まれて死亡した。七十年たっても占領米軍はそのまま居残り、あの美しい海を埋め立て、巨大な新米軍基地を確保する計画だ。

米軍の手先となって建設費も負担、工事を強行しようというのが、日本政府だ。青森県とのちがいは、知事と県民の大多数が、「もうこれ以上危険な基地はいらない。基地に依存しない、平和な県をめざす」と力を合わせて抵抗していることだ。

十二日午後二時から「建設工事は諦めろ」と安倍内閣に要求して国会を取り囲む。もう三度目の集会だ。安保法案と戦争に反対する集会でもある。

諦めるのはまだ早い

2015

地獄の釜のふたがあくのは、正月とお盆の十六日と決まっている。

しかし、暦とは関係なく、安倍内閣は地獄の釜をひっくり返して百鬼夜行。

善男善女を右往左往させている。

原発の再稼働、辺野古埋め立ての再稼働、そして戦争の再稼働。この世の最悪がうごめいているのは、無知からきた自爆行為のせいだ。

自民党総裁選でも対立候補ゼロの全員一致。党内にはアリの一穴を恐れる

9月15日

恐怖政治。絶対的権力は絶対的に崩壊する。

昨夜も今日も明日も、国会前には人波が押し寄せる。正門と向かい合ってマイクを握るとき、わたしはいつも五十五年前、六〇年六月を思い起こす。安倍首相の祖父にむかって、「岸を倒せ」と二十代のわたしたちは叫んでいた。

岸首相も採決を強行して、民主主義を破壊したと批判された。その孫もやはり強行採決して「安倍はやめろ」と叫ばれ、民主主義の敵となった。しかし、わたしたちは、岸的、安倍的な政治を根絶できなかった。この五十五年間を空費してきた、との悔恨がある。

戦場に出た自衛隊員が、血まみれにしたり、血まみれになったりする愚を犯す時間が迫っている。また原発事故に逃げ惑う人びとが出現する不安が強い。辺野古の海に、もうジュゴンはもどって来ないかもしれない。

愚かな政治を許した罪は大きい。いまからでも間に合う。諦めるのはまだ早い。

日本は独立国か

2015

一九六〇五月十九日。新日米安保条約が強行採決された日である。

それから五十五年がたって、また米国の圧力の下で安保法制が強行採決された。

「米国の圧力の下で」と書いたのは、訪米した安倍晋三首相が日本の国会で話し合う前に、「夏まで」と法案成立を約束。自衛隊統合幕僚長も米軍の責任者に約束していたからだ。

9月22日

社会学者の日高六郎さん編さんの『1960年5月19日』(岩波新書)は、五十五年前の安保闘争をまとめた書だ。その冒頭の章に置かれた、藤田省三さんの論稿に、「アメリカ帝国主義の手先」とあるのに遭遇、新鮮な驚きだった。

岸内閣のことだが、かつてよく使われたこのいい回しが、いつのまにかなくなっていたのに気づかされた。いままさに、安倍内閣の姿勢にピッタリだ、との感慨があった。

あまり極端なことはいいたくないが、削減された米軍予算と米兵の代わりに、日本のおかねと若者の命を差しだすのが、「武力攻撃事態法」だ。

藤田さんは、「手先」は命令をきくばかりではなく、率先して迎合する、とも書いている。沖縄いじめは命令なのか、迎合なのかはわからない。

市民がどんなに声をあげても、政府は米国のいうことを聞くしかないなら、独立国とはいえない。

日本の運命を決めたポツダム宣言には、ちゃんとした政府ができれば、基地は撤去できる、と書かれているのです。

夢の喪失

怒りは収まらない。「ヒトラーの手口」（麻生太郎副総理）をまねした、安倍自公内閣の罪は大きい。

日本人の精神的支柱というべき、平和憲法九条を踏みにじり、九九条の憲法尊重擁護義務を畏れず、まるで脅されたように、米国の戦争に参加する法案を強行採決した。

この誤りを正し、法治国家に直す運動が、いまからはじまる。

2015

9月29日

内閣法制局ばかりか、ＮＨＫなどの放送局をも支配しようとする野望は、国民を侮辱するものだ。これから違憲裁判などの反撃がはじまる。

わたしが心配しているのは自衛官の生命である。むかし、ガラス工場で一緒に働いた、鹿児島の出稼ぎ者は、自衛隊員だった。

「自衛隊って、どんなもんですか」と質問すると、たちどころに「番犬ですよ。番犬がいれば泥棒は入ってこないでしょう」。

そのように教育されていたようだった。

が、これからは「仲間がやられる前に、とびかかれ」とリードを放される。もしそれで死んだら、犬死にだ。

そのあとからも、何人かの元自衛官に会った。ほとんどが自衛隊に夢をもって入隊していた。大型免許をとって転職する、身体を鍛える。精神を鍛える。あるいは、災害救助で役に立ちたい。

もちろん、国を守るという人もいるが、米国のためではない。

労使契約において、労働条件の著しい変更は認められない。自衛のために就職したのに、米衛のためへの変更とは、詐欺でしょう。

冤罪をなくせ

2015

ついに間に合わなかった。八十九歳の奥西勝死刑囚が獄死した。

よくもこの歳になるまで拘置した。これだけでも非人道的だが、彼は無実の囚人だ。この罪をどう償うのか。

一九六四年に一審無罪判決、二〇〇五年、再審開始決定、それ以外の死刑判決と死刑維持決定をだした裁判官は、彼の悲報をどう聞いただろうか。

九十五歳まで拘置して獄死させた、帝銀事件の平沢貞通死刑囚の例もある。

10月6日

平沢の十八回にもわたる再審請求を裁判所は棄却した。この国の司法は、誤りをただす冷却水パイプが詰まっている。

名月の光に清し鉄格子

平沢貞通の句である。

叫びたし寒満月の割れるほど

七五年に処刑された、福岡事件、西武雄の句である。無実の死刑囚が地球の上にたった一人。処刑を前にした孤独感と恐怖はどれほどのものか。

袴田巌死刑囚は再審開始決定で、四十七年七カ月ぶりに仮出獄した。が、しかし、精神は病んだままだ。

四九年八月に発生した弘前大学事件の被告、那須隆さんは十一年間服役した後に、真犯人が現れた。それでも一度目の再審請求は棄却された。

五十二年間、冤罪《えんざい》を訴えている狭山事件の石川一雄さんは七十六歳。最近、体調がすぐれない。

冤罪は証拠隠しと誘導尋問による。取り調べの全面可視化と証拠開示。これくらいはただちに実行して、悲劇を防ぐ決意を示してほしい。

新しい国へ

2015

安倍晋三首相の著書『美しい国へ』の完全版が、『新しい国へ』ということなので、書店で見かけて買いもとめた。

ところが、旧著に十八ページ分をあらたに付けたしただけ。表題を「美しい」から「新しい」に模様替えしたものの中身は一緒。

軍事国家の「日本を取り戻す」とは、古い日本への回帰ということで、「新しい国」とはいえないでしょう。

10月20日

つけたされた新稿には「TPP交渉参加に反対」と明記し、故郷山口の棚田の美しさを例に挙げ、「道義を重んじ、真の豊かさを知る、瑞穂《みずほ》の国には瑞穂の国にふさわしい市場主義の形があります」と特記している。

しかし、いまは率先してTPPに参加し、国際競争に打ち勝つ強い農業を、と力説している。観光用の棚田の一部は残されるかもしれない。が、どれだけの農家が生き残れるか、数字を挙げて説明してほしい。

瑞穂の国の農業を、工業製品輸出の国際競争にさらして、勝てるものではない。安倍さん、ご自分でいっていること、やっていることの歴史的意味を、理解して発言してますか。

先日は自衛隊の戦車、こんどは「東京湾に浮かぶ原子炉」である、米軍の原子力空母に搭乗。それも戦闘攻撃機のコックピットに入って「横須賀港を母港に、再び日本の護りについていてくれる」と語った、とか。

戦争が近いとお考えなのか。

被ばくの恐怖

2015

福島原発事故の被災地では、除染を進めて早く帰郷させる自治体の動きがある。除染には膨大な人手が必要とされている。

海峡のむこうに、北海道函館市が望まれる、本州最北の青森県大間町は、完成が危ぶまれている原発建設で知られている。この町の町議の建設業者が、除染労働者を違法に派遣していた疑いで、書類送検された。

福島事故以来、偽装請負と被ばく隠し、ピンハネが公然と横行するようになった。管理区域と呼ばれる原発内で、なにがおこなわれているのか、不明である。

労働者が身につける線量計を、「鉛の板」で防護して線量を封じ、被ばく労働を強制したり、人命軽視が甚だしい。それが原発そのもののありようである。

10月27日

二十日、福島事故の収束作業に従事して、白血病を発病した四十一歳の下請け労働者が、労災として認定された。彼は「がんになったほかの作業者が労災認定を受けられるきっかけになれば、うれしい」と語っている。

喜びであり、怒りであり、警告であり、働く仲間への連帯である。

これまで四十年以上にわたる日本の原発の歴史で、被曝労働者が労災認定されたのは、今回をふくめてわずか十四人である。それが認定までの厳しさを示している。

フクシマ以後、累積被ばく線量が五ミリシーベルトを超えた労働者は二万人以上。それでも原発の再稼働がはじまった。恐怖は大きい。

再稼働とブラック企業

2015

松山市の城山公園で、「ＳＴＯＰ伊方原発再稼働！11・1全国集会」が開かれたので、参加した。わたしは原発が姿をあらわすまえ、一九七〇年代のはじめに、愛媛県伊方町でお会いした、井田與之平さんのことを話した。旧地主であり、村長だった方で、八十歳を超えて一人暮らしだった。二階建ての広壮なお宅は、荒れ放題、畳は薄汚れて寒々としていた。井田さんは奥座敷のちいさなこたつに端座していた。

11月3日

用地買収に反対していた井田さんの留守にやってきた四国電力の社員が「売却しなかったら、土地収用法で安く取られてしまう」と妻のキクノさんをだましてハンを突かせた。

それを悔やんで、彼女はいのちを断った。

「絶対安全と土地をとられ、いのちを奪われ、いのちを奪われないまでも、心に深い傷をうけたものは、誰が償ってくれるでありましょうか」

與之平さんの手記の一節である。

わたしは伊方原発を「金権力発電所」と書いたが、それは伊方のことばかりではない。原発はウソと策略とで、貧しい地域に侵攻してきた。

九月の中間決算で、東京電力は三千六百五十一億円の経常利益。原発が稼働していなくても各社とも黒字。「経営の安定のためには再稼働は必要だ」と東電社長。

消費者のためでも、日本経済のためでもない。会社の安定のために、平然と人間のいのちと健康を犠牲にする。これってブラック企業でしょう。

未来の物語

2015

「子どもたちが死んでいくとき…とてもおどろいた顔をして横たわっているんです」

「未来の物語」とサブタイトルにあるノーベル文学賞作家スベトラーナ・アレクシエービッチの『チェルノブイリの祈り』の一行である。

ベラルーシの子どもたちに、「がんは死につながる」という認識はなかったという。

11月10日

ヒロシマ、ナガサキ、第五福竜丸、東海村JCO、そしてフクシマ。五度も極端な悲劇に見舞われながらも、日本人はまだ核の利用は安全だ、とする宣伝を信じようとしている。

どうしたら六度目を拒否する行動が強まるのだろうか、とこの悲痛なドキュメントを読みながら考えさせられた。

過去の悲劇が、未来にまちかまえている。それを回避する賢明さも決意もないまま、またおなじ過ちをくりかえし、子どもたちが驚いた表情で死んでいく。それでいて誰も責任をとることがない。

もう日本では買い手がなくなった原発を、首相が率先して世界に売り歩く。ヨウ素剤と避難訓練のマニュアルを、付録につけるのだろうか。

被曝したベラルーシの人びとの、死に至る静謐《せいひつ》な悲しみと苦悩に満ちた個人史を聞き歩きながら、アレクシエービッチは、「人間の命の意味、私たちが地上に存在することの意味についても」聞いてみたかった、と書く。

悲劇の記録は、フクシマで終わりにしたい。

文殊の知恵

2015

福井県敦賀半島の先端にあって、「夢の増殖炉」と喧伝《けんでん》されてきた「もんじゅ」も、命運が尽きようとしている。一九八五年に着工されたが、事故つづきで、さすがの原子力規制委員会もさじを投げたようだ。

おなじ半島に建設された新型転換炉「ふげん」は、とっくの昔に廃炉が決定。英米仏でも高速増殖炉は事故を起こして撤退した。

もっとも危険な原子炉が、お釈迦《しやか》様のそばに仕えたホトケを僭《せん》称してきた。

11月17日

もんじゅだけでも、建設維持管理費をふくめて、一兆円を空費した。

それとつながっている「リサイクル機器試験施設」には、八百二十億円も投入されている。さらに巨額で、もっとも危険な青森県六ケ所村の使用済み核燃料再処理工場は、建設から二十二年たってなお、いまだ稼働できる見通しにない。

「核燃料サイクル」はいつまでたっても、原料のプルトニウムは減らない、という魔術のような輪廻《りんね》が想定されてきた。しかし、そんなにプルトニウムをつくってどうするのか、との疑惑は深い。

すでに日本の備蓄量は、四七・八トン。原爆原料の六千発分。富国強兵・国威発揚内閣では、アメリカの核の傘から脱却しよう、自前の小型原爆所持は憲法違反ではない、などと言い出しかねない。

青森県で行われた「護憲大会」で、わたしは、もんじゅ廃炉のあとは再処理工場反対運動を拡大しよう、と発言した。

隠される被曝

2015

富山市の「イタイイタイ病を語り継ぐ会」が主催した、「イタイイタイ病とフクシマ」という集会に参加した。四十四年ほど前に『隠された公害』を書いていたからだ。

その本でわたしは、朝鮮海峡に面している対馬での、イタイイタイ病をテーマにした。被害者であるはずの地元住民から、「ここには被害はありません」と取材を拒否されたあとのいきさつを書いた。

11月24日

幸いなことに技術者からの良心的な内部告発があって、「隠された公害」は一挙に解決した。

富山のイタイイタイ病は、水俣と新潟の「水俣病」や四日市市の大気汚染とともに、四大公害病といわれていた。そのなかでもっともはやく農民の運動がはじまった。

神通川流域に住む年配の女性たちが、三井金属鉱山が流出したカドミウムを、野菜や井戸水から摂取して、腎臓と骨に異常をきたして亡くなっていく事例は、明治の末年から伝えられていた。

しかし、旧厚生省が公害と認定したのは、一九六八年になってからだった。

フクシマで被曝《ひばく》した自衛隊、消防隊、警察、東京電力社員、下請け労働者、派遣労働者、除染労働者、逃げ遅れた膨大な住民たち、この人たちの健康管理と補償がどれだけ、精密かつ手厚いものになるのか、それはこれからの市民運動のテーマでもある。

ヒロシマ、ナガサキのほかに、ミナマタ、トヤマの教訓も生かされなければならない。

沖縄への暴力

2015

沖縄・辺野古では、海に「臨時制限区域」がつくられた。

建設工事に反対する人たちの抗議のカヌーを、海上保安庁の職員がひっくり返したり、海に沈めたり、首をしめたり、あらん限りの暴力がふるわれている。

陸上では、東京から派遣された機動隊（わたしたちが若いころ恐れていた「鬼の四機」も行った）が、座り込んだ住民を排除して、骨折などのけが人も

12月1日

「海でも陸でも、集団的テロだ」と那覇在住の建築家・真喜志好一《まきしよしかず》さんが、怒っている。「逮捕して留置場には入れるけど起訴はされない」。国の非道を法廷で暴露されるのを嫌がっているからだ、とは真喜志さんの解釈だ。

翁長雄志《おながたけし》知事は、県民とともに、国の横暴に真っ向から立ちむかっている。沖縄の民意をまったく認めない安倍内閣は、憲法九二条「地方自治の本旨」に違反している。国と地方自治体は対等なのだ。

戦争法は憲法九条違反。原発再稼働は二五条の「国民の生存権」に違反。米国の戦争のための米軍基地建設は、戦争法と連動している。秘密保護法や国民総背番号制のマイナンバー。主権者が反対しても政治がすすめられるのは、民主主義ではない。

失礼ながら、わたしは、「ならず者内閣」と名づけている。憲法を護《まも》ってほしい。

被曝者の棄民化

2015

「原発事故被害者の切り捨てを許さない東京集会」と「フクシマを忘れるな！さようなら原発講演会」。おなじ五日の午後と夕方にひらかれた。再稼働反対集会でも、福島の人たちに発言していただいているが、運動が前のめりになりがちだ。

脱原発運動の原点は、福島の被害者である。その苦難を知り、忘れることなく、一緒に引き受ける構えがたりない。その運動にむけた集会だった。

12月8日

安倍内閣は、避難指示解除、帰還「強制」、避難者の家賃補助と補償の打ち切りを強行しようとしている。

「経済的な圧迫は精神的な拷問だ」とわたしは発言した。すでに甲状腺がんと確定された子どもは百十五人、これからますますふえるだろう。

帰りたい、しかし、帰りたくない。放射線への恐怖の前で、相矛盾するフクシマの精神的苦しみを、わたしたちも受け止めなければ。

「人びとをロングラップ島に居住させることは、人類にかかわる最も価値のある生態的な放射線研究の機会をもたらす」

南太平洋での核実験のまえ、ヒロシマ・ナガサキでも被爆者を治療することなく研究していた、米国原爆傷害調査委員会（ＡＢＣＣ）の調査報告書の一節。『小児科医ドクター・ストウ伝』（長澤克治著）に紹介されている。

被災者を追い詰め、人体実験のような帰還強要。一方での再稼働。米軍のような非人道的行為といえる。

恥ずかしい国

2015

「連合」ってなんだ。六百八十二万の労働者が参加する「ナショナルセンター」。

でも、さっぱり存在感がない。経団連の陰に隠れているわけではないようだが、控えめで前にでてこない。

そのうち力を出すだろうと期待がないわけではないが、原発事故にともない、労働者が被曝しても、集団的自衛権の行使容認が閣議決定されても、眠

12月15日

りこけたままだ。

原発や兵器をつくる大企業の労働組合が、組織の重要部分を占めている。といっても、いのちと生活に無関心な労働組合ってなんだ。

派遣労働者は死ぬまで派遣労働者という残酷な法律がつくられた。

こんどは雇った労働者を経営者が気にくわなければ、勝手にクビにし、カネを投げ与えてすむ、「解雇の金銭解決」が認められようとしている。

これを止められない連合は、いったい誰と連合しているのか。

「カネをもらって転職したら」と経営者はいいたいようだ。しかし、「カネでない魂の問題だ」という労働者がいる。

人間の尊厳、労働者のプライドをなめてはいけない。

労組をつくろうとして解雇される「不当労働行為」も、カネで解決されるなら、これはもう戦前の暗黒時代に逆戻り。いまでさえ、会社や上司にもの申すと、生意気、反抗的とクビにされがちだ。

「カネさえ払えばいいだろう」。そんな恥ずかしい社会を「美しい国」というのですか、安倍さん。

戦場へ送るな！

2015

本紙でも報道されたが、「自衛隊を戦場へ送るな！」集会は、憲法違反の「戦争法」強行採決三カ月目に、東京都北区で開催された。

とにかく、派兵反対の世論をひろげ、「出兵」を止める運動を全国へひろげる、その最初の集会だった。

千三百人の会館に二千二百人が集まり、第二会場もあふれ、帰った人が多かった。

12月22日

九十七年前、一九一八年八月、日本軍は米軍とシベリアへ出兵した。ロシアの混乱に乗じて、東シベリアを支配しようとする野望だった。十億円の戦費を費やし、三千五百人の戦死者をだして、撤退した。愚かである。

「米よこせ」米騒動の時代だった。社会不安に備えて警官が増強されていた。それでも、シベリア出兵反対の世論が強かった。

日本政府はいわば、「有志国連合」のいいなりになって「出兵」した。いま、ウラジオストクに、その記念館がある。

自衛隊員を殺すな。自衛隊員は殺すな。銃をむけるな。戦争させない。平和国家の誇りを守る。その言葉が切実な時代になった。

おそらく、自衛隊員のほとんどは、米国のために死ぬなどと考えていない。家族も息子や夫が殺したり、殺されたりすると、考えてもいない。

その家族の思いもふくめた、「戦場へ送らない運動」である。弁護士の協力による「自衛官一一〇番」も必要となる。自衛隊の内外から、「戦場へ送るな!」の声がたかまるだろう。

勝手に決めるな！

2015

忘れっぽくなってはいけない、と年の暮れに決意する。今年はひどかった。何だか力が抜けそうになるけど、来年もやれるだけのことはやらなくては、とひとり言。

「忘年しない！」との標題で昨年十二月三十日、この欄に書いた。今年もまったくおなじ書きだしになった。安倍内閣、「一本道」の暴走は、ますます危険性を強めている。が、歯止めはかかっていない。

12月29日

「政府が責任をもつ」との説得に、安心した顔をみせて、知事や市長が原発再稼働を認める。昔は「政府が絶対安全といっているから」との口実で、知事や市長が原発建設を認めていた。

いまは、だれも、絶対安全とは言わない。フクシマのあと、政府は事故の責任を取っていない。取れるようなものではない。

一方の自治体は自己判断せず、危険丸投げの他人任せ。電力会社は「経営安定のために」反対を押し切って再稼働し、事故が起きれば政府が血税で後始末する。

来年度は除染費用だけでも五千二百二十四億円。こんなデタラメ許せない。安保法を強行採決して、防衛費は五兆円の大台を突破した。危険なオスプレイなど高額な米国製兵器を購入しつつ、兵器の輸出も図って、戦争経済への突入準備。

沖縄・辺野古の基地建設など、米軍のための「思いやり」に、多額の税金が消えてゆく。

「勝手に決めるな」。このシールズの叫びを運動化したい。

2016

「不可逆的解決」

2016

元旦。ＮＨＫ海外放送の「映像の世紀」再放送を見つづけていた。暮れにも日本でこの番組を見ていたから、年越しの境界線を二十世紀の悲劇とともに越えたことになる。

それにしても、憎悪と恐怖に満ちた前世紀だった。新世紀の十五年を過ぎても、その負のサイクルから脱却できていない。

米ソ二大国間の水爆実験競争が、どれほど環境を破壊し、どれだけ多くの

1月5日

被曝者をだしたことか。実験は「アトミック・ソルジャー」と呼ばれる、自国の膨大な兵士たちをも、被ばくで苦しめた。憎悪と恐怖は、朝鮮、ベトナム、カンボジア、旧ユーゴの分断など、戦争と大量虐殺を拡大させた。

その前にも重慶、南京、沖縄で虐殺があり、ヒロシマ、ナガサキがあった。植民地・朝鮮での従軍慰安婦問題は年末、「政府の責任」を認めたが、「最終的かつ不可逆的解決」と念を押してカネを支払った。

一方的に過去を遮断し、「もうこれっきりだぞ、あとはないからな」との加害者の押し殺した声がこもっていて、率直でない。

「富国強兵」をいまだに夢想する政治家たちがいる。

しかし、戦後の平和主義と小国主義が、日本人の生き方のはずだ。いま、政府は沖縄で、日本の未来を奪う米軍基地建設をカネと暴力で攻めたてている。

民主主義とは、相手を認める平和の精神であり、平和主義は対話と寛容、相互扶助の追求である。

それが二十世紀の総括であり、自省のはずだ。

美談への挑戦

2016

自衛隊の戦車に乗ったり、米軍爆撃機の操縦席に座ったり、勇ましい言動が好きな安倍首相は、年頭記者会見で「挑戦」を繰り返した。「憲法改正はしっかりと訴えていく。そうした訴えを通じて、国民的議論を深めていきたい」

夏の参院選で、憲法改定の発議に必要な、「三分の二以上」の議席取りに挑戦するという。

1月12日

もはや自公、おおさか維新など、改憲勢力に票をいれることは、日本が平和国家をやめ、「戦争国家」と化すのに手を貸すことになる。

「憲法改正は私の政界における一貫した狙いだが、そう容易にできるものとは思っていなかった。だからこの選挙で三分の二もいなかった。ただ憲法改正についてこの選挙で国民の理解を求め、国民を啓蒙《けいもう》するということはもちろん考えていた」

これは夏の参院選についての安倍首相の言葉ではない。一九五五年二月、衆議院選挙で過半数を確保できなかった、のちに自民党になる日本民主党の岸信介幹事長（当時）の感慨（原彬久著『岸信介』）である。

六十年前から自民党は憲法改悪を「狙って」きた。しかし、はたせなかった。有権者の多数が平和憲法を支持し、自分たちのものと感じてきたからだ。

いまその孫が祖父の野望を果たそうとしている。封建制度の美談にすぎない、敵討《かたき》ちの挑戦など、真っ平ご免だ。

非道の退路を断つ

2016

長野県のスキー場へむかった深夜バスの転落事故は、日本社会の不安定さをもっとも悲惨な形でみせつけた。

一泊三日、格安ツアー、中古バス、「契約社員」の運転手、健康診断なし。安全第一の旅行とはほど遠い運行状態だった。

この事故があきらかにしたのは、数台のバスを抱え、基準額以下の金額で、バスを貸し出している零細業者が急増していた事実である。価格破壊的な競

1月19日

争は、二〇〇〇年の規制緩和から激化していたようだ。

バス事業は鉄道輸送事業とおなじように人命にかかわり、社会的責任は大きい。しかし、コスト削減に腐心する経営者に、どれだけその意識があったのか。

乗客の死亡者全員が学生であり、この四月からの就職先が決まっていた人もいた。それが、一層の悲劇性を強めている。保護者の悲嘆は、ひとごとには思えない。

この事故をバス会社の管理責任の追及だけで終わらせるのではなく、日本社会の安全性の総点検に役立てる必要がある。

最近とみに横行しているのが、いのちよりもカネ。追い詰められた大小の権力者たちが、もっとも簡単に選ぶ、「非道の退路」である。

事故が起きるまで、決算を黒字にして逃げ切ろうとする電力会社の経営陣。原発や武器輸出でもうけようという電機や重工業。若者を戦場に送ろうとする、首相や大臣たちである。

結社の自由

2016

日米戦争下、フィリピンでの激戦が、若者たちに無残な「特攻」を強いることになった。

「レイテで一勝を得て、和平交渉する意図がレイテ決戦決定と共にあった」(大岡昇平『レイテ戦記』)。その誤算が沖縄戦での特攻の大量死につながる。

米兵捕虜とフィリピン人を大量虐殺した、「死の行進」で知られるバターン半島。その先端に建設された、輸出加工区の日本企業を取材したことがあ

1月26日

る。いまはほとんど撤退してしまったが、労組の事務所が爆破されたり、ゼネストがあったりした。

一九八〇年代後半、やがて失脚する独裁者マルコス政権の時代だった。日本とフィリピンとの友好親善、経済協力はすすみ、戦没者の慰霊がおこなわれている。ところが、あまり知られていないのが、サンタロサ工業団地にある、トヨタの現地企業「フィリピントヨタ」での労組紛争である。

十五年前、労組が結成された。が、労組つぶしがはじまり、二百三十三名が解雇され、九年後にもあらたに四名が解雇された。

国際労働機関（ＩＬＯ）の「結社の自由委員会と理事会」は、これまで二回にわたって、「早急な調査と必要な措置をとるよう」フィリピン政府にたいして勧告している。

それは当事者でもあるトヨタ本社が、人権と結社の自由、平和と差別についてどう考えているのか、との問いかけでもある。

同一労働同一賃金

2016

年寄りに三万円の現金を配るという。安倍内閣の支持率があがったようだ。こんどは、「同一労働同一賃金」。おなじ仕事なら、みなおなじ賃金。労働者間に差別がない社会、わたしは断固支持する。

賃金を上げろ、設備投資をしろ、国民総活躍、緊急事態条項。そしてミサイル迎撃命令発令。まるで祖父が影響された「国家社会主義」の総統のように、安倍首相、号令をかけまくっている。

2月2日

ところで、同一労働同一賃金を実施するために、法律をつくって、「同一労働非同一賃金」の会社幹部は、片っ端から罰するんですか。非正規労働者をふやす法律（労働者派遣法）を強化し、「雇用がふえた」と言いつのる。現実無視の、空想的国家主義なのでしょうか。

社内にはパート、アルバイト、契約社員、嘱託、外には派遣、出向、請負。一人親方、身分差別は強まる一方。ボーナス、退職金もなく、年収でも正社員に比べて四分の一以下。

このような階層を拡大させながら、おなじ賃金にするという。どこを基準にするつもりでしょうか。

パートの収入が二十五万円といって失笑を買った、世間無知の安倍首相。なんとかも休み休みいってほしい。

大衆欺瞞《ぎまん》とはあえていわないが、現実社会がどうなっているのか、人の話をキチンと聴いて理解する聡明《そうめい》さを発揮しないと、虚言不実行、巧言令色内閣、と後世の歴史家に記録されることになるでしょう。

内閣の新手口

2016

たまたま国会中継を眺めていた。

自民党政調会長の稲田朋美さんが、憲法九条二項について、「現実に合わなくなっている。立憲主義の空洞化だ」と質問した。安倍さん、得たり賢しとばかり、「そういう状況をなくすべきだ、という考え方もある」と婉曲《えんきょく》な間接話法。

三日朝、衆院予算委員会の初っぱな。「いきなり本丸にきた」とわたしは

2月9日

驚いた。東京新聞は夕刊一面四段、翌朝刊一面トップであつかった。首相の九条改憲表明は、歴史的大事件のはずだが、どうしたことか、他紙は地味なあつかいだった。

安倍内閣の初期は、九六条の改正手続きの垣根を低くする迂回《うかい》作戦だった。が、麻生太郎財務相の「ナチスの手口に学んだらどうかね」のひと声で変わった。

平和憲法に「緊急事態条項」を加憲して、「何人も国その他公の機関の指示に従わなければならない」などと、ドサクサに紛れて基本的人権を制限する、かからめ手から改憲を目指している。

と、思いきや、今回は一気に攻める正面突破作戦。自衛隊を違憲というなら、その条文を切って捨てろ、まるで鏡に写った顔が気に食わない、と鏡を壊す暴君ぶりだ。

九条があるから戦争をしないのではない。殺し合いは人間の道に反するから、わたしたちは戦争はやめようと決意したのだ。殺し合いをするために憲法を変えるのは、人権主義に反する、あべこべなのだ。

徴兵拒否のすすめ

2016

徴兵は命かけても阻むべし　母・祖母・おみな牢《ろう》に満つるとも

一九七八年九月十八日、朝日歌壇に掲載された石井百代さん（七五）＝当時＝の短歌である。その頃もいまとおなじように、有事立法が騒がれ、徴兵制が話題にのぼっていた。

昨年亡くなった中国文学者の一海知義さんは、この和歌に白楽天の七言古

2月16日

詩「臂《うで》を折りし翁《おきな》」を重ね、戦争が起こったとき、石で自分の腕をたたきつぶして、徴兵を拒否した老人の話を紹介している（「機」二〇〇六年十二月号・藤原書店）。

安倍首相は国会の場において、改憲、それも九条二項への攻撃を隠さなくなった。「一強」のおごりが露骨にすぎる。

経済再生相が大臣室で、業者から現金を受けとって内ポケットにしまいこんだだけではない。環境相が被ばく地の除染目標、年間一ミリシーベルトに、「なんの根拠もない」と暴言を吐いたり、総務相が放送局に「電波停止を命じる」権限を声高に言い募ったり、北方担当相が担当する島の名前を読めなかったり。中学生の生徒会もびっくりである。

理性的な内閣なら戦争などやらないはずだが、ことさらお粗末政府の命令で、若者が戦場に派兵されるのは、あまりにもかわいそうだ。不条理だ。

一海さんは「徴兵拒否の唯一の方法は逃亡ではなく、憲法九条を変えさせぬことではないか。若者の答えは？」と提起している。

届け出制政治参加

2016

「国営放送」ＮＨＫのニュースがはじまると、わが首相が東北の被災地を訪問し、マグロの刺し身を食べているシーンがいきなりあらわれたりする。まるで某社会主義国の第一書記が、地方で「指導」するような、お姿の映像がふえてきた。

一方では放送を監督する大臣が、偏向番組は「電波停止する」とこわもてで強弁。政府批判に神経をとがらせている、偏向大臣が多いようだ。

2月23日

と思いきや、こんどは文部科学大臣。高校生の集会やデモへの参加を届け出制にする方針。言わずと知れた、十八歳以上に選挙権を与えるのにともなう予防策だが、なんとわかりやすい政治なんだ。

ひとくちに政治参加といっても、沿道で日の丸を振る行列なら奨励し、戦争や原発に反対する集会やデモなら届け出させる、ということにならないか。許可が時の政権に都合のいいようになるのは、いまから明らかだ。

有権者がどんな思想をもとうが、どんな集会に参加しようが、いうまでもなく言論、表現、思想、集会、結社の自由だ。高校生はまだ未熟というなら、なぜ十八歳から選挙権を与えるのか。

届け出制にしたなら、どんな集会にいったのか尾行監視し、政治的発言は、「弁士中止」と叫んで封じるのか。

憲法無視内閣は、自分の違法行為におびえて、不安に戦《おのの》いているようだ。危険な内閣の危機が迫っているのかも。

核絶望列島

2016

あれほどの反対を押し切って、福井県の高浜原発も再稼働。ついに鹿児島県の川内とあわせ、四基の原発が無謀にも動きだしてしまった。

未曽有の大事故から、まもなく五年。福島原発周辺は人間も動物も住むことができず、広大な荒野と化した。

十六万人が故郷を離れ、いまなお十万人が、難民状態の生活をつづける。

甲状腺がんとその疑いの子どもたちが、百六十六人と診断されている。

3月1日

それでも経営者たちは再稼働の理由を、「利益のため」「経営安定のため」としか説明できない。これはあまりにも人間のモラルに反する。

空襲にそなえる「防空訓練」のような、放射能避難訓練。周辺にヨウ素剤を配布して、事故のときに子どもに飲ませろという、この非人道主義。

ヒロシマ、ナガサキの九年後、余った原爆原料ウランの商業利用から、米国の原発輸出がはじまった。

米国の招待旅行から帰ってきた中曽根康弘議員が、国会で原子力予算を要求したのは、「原子力兵器を理解し、使用する能力をもつため」だった。

岸信介首相は「小型原爆は憲法違反ではない」といい、実弟の佐藤栄作氏も首相時代に「核兵器製造の経済的、技術的ポテンシャルは常に保持する」と決め、三代目、安倍首相はかつて講演先で、祖父の発言を繰り返していた。

この生存権無視、憲法蹂躙《じゅうりん》内閣の「核絶望列島」からの脱却、それが希望である。

人間は素晴らしい

2016

「拘置所に面会に行ったのですが、『おれには姉などはいない』と言われて帰ってきました」と袴田秀子さんが嘆くのを、なんどか聞いていた。

二年前の三月、静岡地裁の村山浩昭裁判長は、死刑確定囚・袴田巖さんにたいして、「これ以上、拘置をつづけるのは耐え難いほど正義に反する」と刑の執行停止を宣言、四十八年ぶりに釈放した。

裁判官の決断は輝いていた。テレビでみた、そのときの秀子さんの笑顔は

3月8日

素晴らしかった。それまではいつも、固い悲愴《ひそう》な表情だったからだ。

釈放されてからの、袴田さんの生活を記録した金聖雄《キムソンウン》監督の映画『夢の間《ま》の世の中』のなかで、秀子さんは弟の表情を「まるで仮面をかぶっていたようだった」という。

死刑確定囚は、いつ処刑されるかわからない存在である。袴田さんの拘禁反応が激しくなり、精神的に現実世界から解離し、死刑のある国家と対峙《たいじ》する存在と化した。

袴田さんの妥協しない構えが、すこしずつ柔らかく溶け出し、秀子さんもよく笑う女性になっていくのが、撮影を重ねるに従って感じられる。

拘置所にいた長年の習慣から一日中、家のなかを歩き回っている弟は、七十九歳、世話をしている秀子さん八十三歳。わたしが訪問したときよりも、さらに明るい雰囲気になっている。

まだ検察は抗告し、抵抗している。人間的に恥ずかしいことだ。

押し出し

2016

三月十二日。福島原発爆発事故五周年「県民大集会」が、福島県郡山市の陸上競技場でひらかれた。

毎年この時期、福島集会に参加すると、寒さのなかを放射能雲に追われ、逃げ惑っていた人たちの、いのちが凍るほどの恐怖を、すこしながら体感できる。

五年たって田畑は雑木林と化し、イノシシの大群が闊歩《かっぽ》する。いくつかの

3月15日

地域を転々、いまだ故郷に帰還できない感情を、「浮遊感」と表現した被災者の声が心に残った。

古里が地図から拭い去られてしまう、との訴えも切実だった。「公害の原点」足尾鉱毒事件の農民とおなじ棄民である。

わたしは、この郡山集会の壇上から「さようなら原発署名運動」は十三日、東京の政府、東電へと抗議にむかう「押し出し」を実施すると報告した。

百二十年前、明治三十年代初頭、鉱毒に苦しむ群馬、栃木の渡良瀬川流域農民が、政府にむかった「大挙上京行動」に倣《なら》った運動である。

さすがに寒い道を、かつての農民のようにわらじばきで踏破するには無理がある。

鉱毒農民のこころと被ばく住民のこころを「フクシマ連帯キャラバン」の横断幕に結びつけ、数台のクルマで東京を目指す。いわき、水戸、東海村、旧谷中村跡、渡良瀬遊水地を歴訪し、各地で交流集会。

東電、経団連、環境省などに抗議し、二十六日午後一時からの「代々木公園大集会」に合流する。

核兵器合憲論

2016

以前、この欄で「核絶望列島」と題して、世界最大の被爆国でありながらも、「小型原爆（所持）は憲法違反ではない」といいつのってきた、岸信介、佐藤栄作、安倍晋三とつづく、首相一族の核依存症を批判した。

ところが、集団的自衛権行使容認にまったく歯止めをかけようとしなかった横畠裕介内閣法制局長官は、十八日の参院予算委員会で、「憲法上あらゆる種類の核兵器の使用が禁止されているとは考えていない」と答弁した。

3月22日

核兵器の所有と使用を容認。三代目暴君を喜ばせる迎合解釈である。この人物の政権へのゴマすりぶりは目に余る。

原爆被爆者と原発被曝者を、生き地獄におとした現実が目の前にあってなお、「憲法違反ではない」といえるのは「禁止条項」がないからだ。

生存権、幸福追求権の精神からみれば、けっして認められるはずがない。地雷やクラスター爆弾でさえ、非人道的な兵器なのだ。

日本は約四十八トンのプルトニウムをためこんだ「プルトニウム大国」である。その偏愛ぶりは海外の疑惑を深めている。

米国務省のカントリーマン次官補（国際安全保障・不拡散担当）は、米上院外交委員会で、青森県六ケ所村の再処理工場について、「経済合理性はなく、核セキュリティーと不拡散上の心配を強める」と撤退を主張している。

人間の生存権を無視する、ゆがんだ大国主義よ、くたばれ！

悪魔の選択

2016

チェルノブイリ事故から三十年、フクシマから五年。「さようなら原発世界から」講演会を二十七日、東京で開催した。

ベラルーシからきたジャンナ・フィロメンコさんが「事故のあと春や夏が嫌いになった」という。晴れると子どもたちが外にでて、木や草に触れる。すると病気になる。雪や雨が降っている季節のほうが安心だ。

チェルノブイリから四十キロ離れた地域に住んでいた。事故から五年たっ

3月29日

て、首都ミンスク郊外に移住した。長男は高熱のあと知的障がいが残り、夫は心臓発作で亡くなった。

これは一人の女性の物語だが、スリーマイル島、チェルノブイリ、フクシマと、米露日の原発犠牲者を重ね合わせ想像してみる。

何十万人もの人たちが故郷を追われ、身体的精神的被害を受けた集積がある。それでもまだやめようとしない。まるで悪魔の選択だ。

米ソ冷戦時代の原爆実験は、この地球上に膨大な汚染と死者をつくりだした。原爆は大国の「抑止力」という、虚勢だった。

原発は効率と利潤のためである。再稼働するか、廃炉にするか、会社の利益が判断の基準だ。儲《もう》けはいのちより重いのか。

原発は安全、安価、安定、との宣伝はウソだった。最近は「エネルギー安保」といいはじめた。会社の利益のためなら、犠牲もやむを得ない。国益のためならしょうがない。

この感性とモラルの崩壊は、すでに戦争。

未解決のハンセン病

2016

首相が行うもっとも冷酷な行為は、若者を国民を戦場に送りだす命令を発することだ。殺し合いが強制される。そのとき戦場に赴く一人ひとりの人間の未来、恋人や家族のことを考えられるのか。安倍首相に聞いてみたい。

政府の過ちが七十年後まで尾を引いているのは、戦争ばかりではない。ハンセン病患者を強制収容、隔離してきた明治以来の政策がある。

戦後になって、特効薬が輸入され、感染性が弱いことがわかっても、「ら

4月5日

い予防法」による強制収容はつづけられ、法律が廃止されたのは、一九九六年になってからだ。

戦争とおなじように、人間を人間あつかいしなかった。恐怖に支配され、隔離、断種、堕胎、改名、強制労働、その虐待を支持していたのが、わたしたちの無関心だった。

裁判所さえ感染を恐れ、療養所内「隔離法廷」での審理が、九十五回も行われていた。その憲法違反を元患者たちが指摘してきた。最高裁はようやく謝罪することになった。が、憲法違反とは判断しないようだ。

熊本の菊池東楓園に収容されていたFさんは、無実なのに殺人者とされ、隔離法廷で裁かれた。

感染を恐れた検事が証拠品を火箸でつまんでいる写真が残されてある。結果は死刑判決、再審もなく処刑された。

秘密裁判による処刑は憲法違反だ。差別裁判を最高裁が謝罪するなら、この事件を無視すべきではない。

どっこい生きている

2016

労働運動が低迷し、マスコミでは「労働者」は死語あつかい。「社員」、「従業員」が取って代わり、非正規とハケンとアルバイトだらけの社会になった。

『年刊労働者』と題する雑誌が送られてきた。北海道の炭鉱で働き、閉山の後、関東の自動車工場で働いていた畑中康雄さんからだ。

ご自分の体験を小説にして自費で刊行、もう四十四冊になる。

4月12日

「どっこい生きているというところでしょうか。八十八歳の挨拶といたします」と書き添えられている。

長いことお会いしていなかった。『労働者文学』も死語化しているが、標題の雑誌は七十七号をだして、ほそぼそながらつづいている。

明治三十年代から田岡嶺雲、横山源之助などのルポルタージュがあり、造船工だった荒畑寒村につづき、労働者出身作家は葉山嘉樹、黒島伝治、徳永直、佐多稲子、平林たい子、昨年他界した佐木隆三まで、多彩である。

戦後、労働運動の昂揚《こうよう》のなかで、それぞれの大労組に作家集団が組織され、多くの書き手があらわれた。ところが労組は弱体化して職場の中に発言の自由はなく、書く自由もなくなった。

「労働者文学賞」への応募作品には、無権利、長時間ブラック労働の悲惨が多い。

今回受賞したのは、朝七時から夜十時まで働かされるスーパーのなかで、新入社員が地域のユニオンに参加して闘う話だった。生きるための闘いだ。

福島事故を忘れない

2016

平然と、というか、常識に逆らってというか、九州の人たちが「前震」「本震」「余震」の襲来に生活を破壊され、恐怖に夜も眠れずにいるのに、九州電力は「川内原発異常なし」と豪語して運転しつづけている。

まるで日本を破滅させた、旧軍部の無責任。蛮勇だ。

「熊本連続大地震」は、地震予知の専門家が「経験則から外れている」というほどの「想定外」。地下での活動が強まって、地震が誘発されている、との説もある。

日本には未知の地震帯がまだ多くあるといわれている。神ならぬ身の菅義偉官房長官、「現状において（原発を）停止する必要がない」とのご託宣を下した。

住民の安全を本気で心配するなら、地震が収まるまで、止めて様子をみよう、とする愚直さが必要でしょう。

川内原発の再稼働は、事故時の避難計画が机上の空論でしかない。事故対策を指揮する「免震重要棟」もない。それでも規制委員会が許可したいわく付きの原発である。

このような蛮行が許されているのは、だれも福島原発事故の責任をとっていないからだ。住民の再稼働差し止め仮処分申請を認めなかった福岡高裁は、危険性の「社会通念」を基準とする、という。

それなら危機意識は、ちまたに満ちている。

わたしたちは、「異常があってからでは遅い」として、川内原発即時停止を求める要請書を、九電本社にでかけて提出した。

4月19日

差別は人を殺す

2016

今でもまだ、差別文書を売ってもうけようとする人間がいる。

被差別部落の地名や世帯数、人口、職業などをリスト化した「部落地名総鑑」を、大企業が購入していた。それが判明したのは一九七五年のことだ。本籍や住所でチェックし、排除していた就職差別は、国会でも問題にされ、是正された。

悲劇的なのは、結婚するときに、親が信用調査会社を使って調べ、相手が

4月26日

部落出身だから、と反対する例だ。自殺に至るケースはあとを絶たない。

その後、身元調査の差別性が社会問題となり、二〇〇七年には戸籍法が改正され、本人および親族以外は、原則非公開、履歴書に本籍地を記載しなくてもよくなった。

人間は個人として尊重されるべきで、出自による差別は、本人ばかりか社会にとっても大きな損失と理解されるようになった。

昔は求職カードに、親の職業や「持ち家か借家か」まで記載させられた。海外では年齢、性別さえ記入させない例もある。

差別は人を殺す、との理解がひろがってきた現代において、戦前に作成された「全国部落調査」を、復刻、商品化するなど犯罪的な行為である。

問題を起こしたこの人物は、十年前から被差別部落の地図などを公開し、法務局の削除要請を受けてきた。住所を知られるだけで、跳び上がるほど苦しむ人がいる。その心を理解できない出版販売など、凶器の販売である。

政略的飛行

2016

熊本地震の悲惨はまだつづいている。東の福島とあわせて被災者の疲弊は人ごととは思えない。

熊本視察に出かけた安倍首相が、羽田空港から自衛隊機で益城町の陸自分屯地に飛び、そこから自衛隊ヘリで被災地を訪れたのは、地震発生から九日たった四月二十三日。

二十九日に再訪したときも、やはり羽田から自衛隊のU４多用途支援機で

5月3日

分屯地に着陸、自衛隊ヘリで被災地をまわった。

初回はまだ熊本空港も混乱状態だったであろうから、自衛隊基地に着陸、そこでヘリに乗り換えて出発するしかなかったかもしれない。

でも、と思う。二回目のときは熊本空港に民間機が飛んでいたのだから、すべてのコースを自衛隊に依存しなくてもよかったのでは。

しかし、とも考える。自衛隊機を使うかどうかは、本人の意志の問題で、ひとの選択についてあれこれいうのはヘンかもしれない。

でも、米軍のオスプレイ機に援助物資を運ばせたのは、これから自衛隊が米軍需工場から購入するためのデモンストレーションとの見方もある。

二十九日に放映された日本テレビ系の番組で、安倍首相は九条改憲のために参院選で三分の二以上の議席を確保する、と明言した。

国防軍設置と緊急事態条項の新設、その一環の飛行だったのかも。

本日、午後一時から東京・有明防災公園で、戦争反対の集会をひらきます。

原発プロパガンダ

2016

福島原発爆発事故のあと、しばらく鳴りを潜めていた「原発広告」も、あたりの様子を見定めながら、読売新聞を筆頭にまたぞろ首をもたげだした。

原発広告は「安全神話」の宣伝であり、「必要性」の洗脳だったが、大事故が起きてしまうと、いかに誇大広告だったかが暴露されてしまった。

電力会社は日本列島を八つに分割（沖縄電力を除く）した巨大市場独占で、競争の必要性はなかった。それでも広告費がマスコミを席巻して、原発批判の声を抑えていた。

　その費用は電力料金にふくまれて消費者負担。経産省など政府機関の宣伝費もまた巨額で、合わせて数兆円。すべて国民の血税である。なんのことはない、消費者は自分が支払ったおカネで、自己催眠にかけられていたのだ。最大企業だった東電は、年間二百億円もの巨額な広告費を費消していた。

　わが古里の青森県は、「来なかったのはウラン鉱山だけ」と言われるほど、核施設の侵攻地帯である。県紙の「東奥日報」の原発広告掲載段数は、二〇〇〇年から一〇年までで五千四百十八段、立地地方紙の三分の一以上を占めていた（本間龍『原発プロパガンダ』）。

　同紙は最近になって、また堂々と電気事業連合会や日本原燃の全面広告を、数回にわたって復活させた。電事連は佐藤優氏を起用した全面広告で「日本に不可欠な原子燃料サイクル」と語らせている。

不思議の国

2016

神戸の友人の電話で、二十年前の阪神大震災で家を失い、市の借り上げ住宅に住む被災者が、明け渡し請求の裁判に訴えられていることを知らされた。まるで不法占拠者あつかいだ。

住宅が基本的人権の基盤であることは、今回の熊本大地震での避難者の悲惨な姿でも、痛切に感じさせられた。

憲法で保障されている「健康で文化的な最低限度の生活」を守るのが、行政の仕事のはずだ。裁判にかけて追い出すことがまかり通ると、福島や熊本で、家族や家を失った人たちへの精神的な圧迫になりかねない。

すでに自主避難者には来年三月には仮設住宅の供与が終わるので移転せよ、との通知文書が福島県から届けられ、東京都からは三月末の退去通告がなされている。

これらは、国の避難指定区域の早期解除や帰還促進、賠償打ち切りの政策に沿ったものである。

復興、自立などと声高に語られている。が、自然災害の地震だったにせよ、困窮住民の最後の一人まで救済するのが、国と自治体の責務と思う。

まして、原発事故によって避難生活を送っている人たちは、国策とそれに乗った私企業の利益追求の犠牲者なのだから、国や企業による経済的、精神的な補償ばかりか、健康診断の義務化なども必要だ。

どれだけの被害があっても、だれも責任をとらず、犠牲を市民に押しつけ平然として許されている国は、まったく不思議な国だ。

平和を取り戻す

2016

オバマ米大統領の広島訪問のスケジュールと元米兵の沖縄女性レイプ殺人事件とが、同時に進行している。

伊勢志摩サミットで議長をつとめ、米大統領の威光を背景にして、衆参同日選の強行で勝利し、憲法改悪に突き進もうとする安倍内閣に、事件を「タイミングが悪い」と露骨にいう意見もあるようだ。

平時の虐殺ともいえる米兵による殺害事件は、「殴り込み部隊」として戦

5月24日

争の最前線に送り込まれ、ストレスを抱えている、海兵隊員によるものが多い。今回のむごい事件を、政局への影響でしか考えられない、低劣な政治家の感性に、沖縄では怒りが高まっている。

菅義偉官房長官は、「辺野古基地建設を進める立場に変わりはない」と突っ張っているが、普天間も辺野古の新基地も海兵隊の基地である。

本気でこれ以上、自国民の悲惨な被害を望まないなら、せめて、諸悪の根源・海兵隊にまず引き取ってもらうのが、最低条件だ。

ヒロシマとナガサキが、米兵の犠牲者をすくなくした、と米国が強弁したがっていても、原爆の悲劇以上のものはない。

その悲惨な「戦果」によって、戦後七十年たっても日本占領をつづけ、そのほとんどをいまなお沖縄に負担させている。

独立国の内閣なら、今回の米大統領訪日にあたって、ヒロシマ・ナガサキ被爆の実相と基地被害の実情とを、真剣に訴える努力をしてはいかがか。

人権無視の日本司法

2016

帝銀事件といっても、もう知る人は少ない。敗戦直後の一九四八年一月、東京・池袋に近い「帝国銀行」椎名町支店に一人の男が現れた。「集団赤痢が発生した」といって、集合させた行員に、「予防薬」と偽り青酸化合物を飲ませ、十二人を死亡させて現金などを奪った事件である。

その手際のよさから、細菌化学兵器の研究開発と実験をしていた旧陸軍「石井部隊」出身者の犯行とみなされていた。が、しかし、意外にも北海道

5月31日

小樽市在住の画家、平沢貞通が逮捕され、自白させられた。常識で考えれば、絵筆しかもったことのない画家に、このような鮮やかな犯罪などできるわけはない。証拠はない。「似ている」という目撃証言と自白だけで死刑判決となった。平沢は三十九年間、無実を訴え、九十五歳で獄死した。

先週末、この事件の「第二十次再審請求報告集会」がひらかれたので、参加した。十九回も再審請求しても、なおはね返す日本の裁判所の冷酷さ。

会場には冤罪《えんざい》で処刑された福岡事件、死刑囚で獄死した三鷹事件、狭山事件など関係者が参加した。ほかにも未解決の冤罪事件に袴田事件、名張毒ぶどう酒事件などがある。

政治的なフレームアップでは、十二人を処刑した明治末期の幸徳秋水などの大逆事件、戦中の横浜事件がある。

日本の検察と裁判所の人権感覚は、明治時代からさほど進化していない。

悪夢への逆走

2016

集会がはじまる時間を狙って、黒塗りの車列があらわれた。わたしたちが演壇にしている宣伝カーのすぐ後ろに停車して、一斉にがなりたてた。なにやら絶叫しているのだが、意味は不明。発言者の声を押しつぶそうとするだけの暴力。それに軍歌の大音響。

日曜日。国会周辺三カ所での「改憲反対、戦争させない」集会の妨害にきた右翼の車列を面前にして、わたしはマスコミに触手を伸ばした安倍政権が、

6月7日

いよいよ集会の自由にも暴力装置を使いだしたのか、と考えていた。

五十六年前の一九六〇年六月、国会裏の道路で「安保反対、岸を倒せ！」を叫んでいたわたしたちの隊列のすぐ後ろで、右翼が新劇人のグループにこん棒を振って殴り込んだ。

その五日前、羽田空港周辺で、米大統領新聞係秘書ハガチーの車を阻止した隊列に右翼が突入し、女子学生が昏倒《こんとう》するのを目撃している。

かつて政権が危機的になると、右翼が暴れだした。安保闘争のなかで社会党の河上丈太郎が刺傷をうけ、浅沼稲次郎委員長が刺殺された。岸信介首相も刺された。

手段を選ばず、平和憲法を抹殺し、戦争のできる「新しい国へ」（安倍首相の著書）引きずり込もうとするのは、東条英機と祖父・岸信介が「満州建国」で果たそうとした、悪夢の時代への逆走だ。時代錯誤の夢想家の犠牲にはなりたくない。

「むくいを求めない」

2016

批判の対象にするには小さすぎる。それでも、都議会も終わってしまえば、逃げ切れると踏んでいるような舛添都知事。

人間の我欲妄執の姿をみるようで浅ましく、梅雨空もあって、考えるだけでどんよりした気分にさせられる。

第七代東京市長だった後藤新平は、「人のお世話にならぬよう」「人のお世話をするよう」「そしてむくいを求めぬよう」を、「自治の三訣《さんけつ》」として少年

6月14日

たちに説いた。無償の行為礼賛である。

山県有朋流の長州閥中央統制政治にたいする、自治・自律を涵養《かんよう》する精神でもある。そのひとかけらもない都知事が、石原慎太郎、猪瀬直樹、舛添要一と、時代が進むにつれてますます人間が卑小になり醜悪になった。

自民党と公明党とのもたれ合い権力が産みだした結果が、この退廃である。都知事の去就が、七月の参議院選挙、四年後のオリンピック開催とむすびつけて語られ、政治的駆け引きに利用されている。舛添知事不信任案にたいして、自公与党がどうするのか、守り切れないものを守る不自由、不公明を地でいくのか。

マスゾエは、議会政治のリトマス試験紙である。

国際都市などといっても、その顔が疑惑と破廉恥の象徴的人物だったなら、国際的な恥辱といえる。ダメなものはダメとして、こんどこそ「むくいを求めぬ」を実現する政治にしたい。

脱原発派の一本化

2016

川内原発の再稼働を推進している鹿児島県・伊藤祐一郎知事の四選阻止を目指して、ふたりが立候補を表明していた。元テレビ朝日コメンテータの三反園《みたぞの》訓《さとし》氏と脱原発派の平良《たいら》行雄氏だが、十七日に共同記者会見、三反園氏に一本化、それで県政を変えると宣言した。参院選とおなじ、七月十日投開票の鹿児島県知事選は、かねて自民党型土建政治との批判の強い現職の伊藤知事と新人二氏の三つどもえ選挙となりそうだった。

が、三反園氏側が「熊本地震を考慮して安全確保のため停止し再調査、再検証を行う」「原発を廃炉にする方向で、原発に頼らない社会の構築に取り組む」などの政策に合意、平良氏が出馬を取りやめた。

平良氏側も選挙事務所を構え、大量のチラシやポスターを準備していた。会見前夜の十一時半まで、統一か決戦かの議論が白熱していた。

わたしも推薦人の一人だったので、その場にいて、二、三位連合で現知事を倒すしかない、と考えていた。当事者である平良氏は、終始冷静に支持者を説得して、大人《たいじん》の風格があった。

こうして、脱原発派が二分することなく、県政刷新のチャンスに挑戦する。二年前の東京都知事選、沖縄知事選の教訓が生きている、とわたしは感慨深かった。

くしくもまた都知事選。はや駆けしそうな候補の動きもある。鹿児島に倣って大人になってほしい。

6月21日

改憲隠し選挙

2016

参議院選挙がはじまった。テレビに安倍首相の顔が、ますます多く露出するようになった。ＮＨＫでは前から出ずっぱりだった。辟易《へきえき》しながらも眺めている。

ついこの間まで、「総裁任期中に憲法を変える」と豪語していた。が、選挙になった途端、悪評のアベノミスクの手前みそばかり。

「改憲」は選挙期間中いっさい封印。それで改憲派が三分の二の議席を獲得

6月28日

すると、改憲の一本道に猛然とまい進する。見え透いた改憲隠し選挙である。

福島原発事故の汚染水がダダ漏れでも、世界にむかって「アンダーコントロール」と言い募る強心臓《シンゾー》。戦争法制を平和法制と言い換える。

自分の発した言葉を反すうしてみて、あとで跳び上がるほど恥ずかしいと思ったり、布団をかぶって寝たりとかないのか、とわたしは考えたりする。

自民党の改憲原案は、現九条を削っての国防軍保持、軍隊内審判所（軍事法廷）の設置であり、緊急事態条項の新設である。

ドイツ・ナチスとおなじように、内閣は法律とおなじ効力を持つ政令を制定、地方自治体に命令し、個人の基本的人権さえ制限できる。

現憲法は天皇または国務大臣、国会議員、裁判官その他の公務員に、憲法尊重と擁護の義務を課している。ところが、自民党改憲案はそれを逆転させて、「すべての国民」を支配する憲法に変えようとしている。

若者たちよ！

2016

参院議員選挙が近づくにつれて、ようやく改憲が争点になってきた。

自民、公明、おおさか維新、日本のこころを大切にする党など、改憲四党にたいして、改憲反対四党・民進、共産、社民、生活の党が、野党共闘を強め、自公など改憲派が三分の二議席を占めるのを阻止しようとする。

その気迫が感じられるようになった。

いまの日本国憲法があるからこそ、曲がりなりに日本は民主主義国家と言

7月5日

えるのであって、自民党が発表している「憲法改正草案」が実現したなら、安倍首相の執念というべき、「戦後レジームからの脱却」が完成することになる。

「戦後レジームからの脱却」とは、世界に発した平和宣言である憲法前文の抹殺であり、九条の戦争放棄の平和条項を否定した社会であり、強力な軍隊の創設だ。

九条とおなじように、わたしがこだわっているのは、集会、結社、言論、出版など表現の自由を定めた二一条の改変だ。「公益及び秩序を害す活動」は、禁止される、と「自民党案」にある。

安倍首相が嫌悪している「戦後」とは、祖父の岸信介首相などを戦犯容疑者として幽閉した時代であり、ようやく軍隊が支配する社会から脱却し、政治犯や思想犯を獄中から解放させた社会だった。

その時代への安倍首相の個人的な憎悪と復讐《ふくしゅう》を実現させないためにも、若者たちよ、この選挙には、必ず行け!

赤頭巾ちゃん気をつけて

2016

たしかに、参院選の結果、改憲四党が議席の三分の二を占め、衆参で改憲の発議が可能となった。

しかし、改憲を争点にしないで議席を占めるのは、猫には失礼だが、猫なで声でドアを開けさせ、家に押し入るや、居直って乱暴狼藉《ろうぜき》をはたらく、暴漢のやり口だ。

あるいは、すね毛を隠し、作り声でおばあちゃんに玄関を開けさせて食べ

7月12日

てしまった、ペローの童話「赤頭巾ちゃん」の狼《おおかみ》の例もある。やりたいことを隠して、隙をついて思いを遂げる腹黒いやり方で、民主主義的ではない。

わたしは「改憲隠し選挙」（六月二十八日付本欄）と批判したが、麻生副総理がまねしたがっていたヒトラーの手法で、日本もそこまできたのか、との不安感を与えている。

安倍首相は選挙後、さっそく、改憲を民進党内にも働きかけていくと示唆、国民投票にまで言及した。これから、九条改憲を止める準備が必要だ。日本人の平和意識が問われることになる。

憲法九条は世界的遺産であり、未来からの贈りものである。失ったあと、EUを離脱したイギリス人のように、喪ったものの大きさに驚愕《きょうがく》するのは愚かしい。誇るべき日本国憲法の世界的、先進的な意味を、若者たちに伝えるのが、重要な運動になる。

沖縄と福島選挙区の野党統一候補や、鹿児島県知事選の勝利が、東京都知事選への希望と教訓だ。

原発に怒る人びと

2016

今月末に予定されていた四国電力・伊方原発3号機の再稼働は、冷却水ポンプの故障で、急きょ八月以降に延期された。九州電力・鹿児島の川内原発もそうだが、事故などあってはならない原発が、経営上の理由だけで前のめり。故障続出だ。

「みんなで止めよう伊方原発7・24全国集会」にわたしも参加した。熊本地震にも連動する「中央構造線」にちかい、伊方原発の危険性はかねて指摘さ

7月26日

れてきた。

　それでも再稼働を進める四国電力に怒る人びとが、全国から伊方原発前に、七百人も集まった。

　工夫を凝らしたゼッケンやTシャツ、のぼり、手書きの旗などがカラフルで明るい。わたしはここにくると、「原発絶対反対」の鉢巻きを額に巻いて、細い山道を登ったり下ったりしていた、お年寄りたちの姿を、夢のように思い起こす。もう四十五年も前になる。

　四国電力の社員にだまされ、土地売買のハンをつかされ自殺した、妻の無念を語った元村長が、ぽつんと一人で暮らしていた屋敷の荒廃ぶりは、いまでも鮮明である。

　集会のあいさつで、わたしは井田與之平さん、川口寛之さん、広野房一さんなど運動の代表者やローカル紙「南海日日新聞」の斉間満、近藤誠さんの名前を挙げて、その死を悼んだ。

　全国の原発でも、無念のうちに亡くなった人は多い。その死が報いられる日は、必ずくる。

屈しないひと

2016

秘密保護法の施行、内閣のテレビ局への干渉、一部週刊誌の都知事選候補への攻撃など、マスコミのありさまが不安を与えている。

軍国レジームにむかって逆走している安倍内閣に、マスコミが伴走していては、戦時中とおなじ不幸な時代になりそうだ。

一九一一（明治四十四）年一月、幸徳秋水以下、十二人を一挙に処刑した大逆事件は、「邪推と云《い》へば邪推の認定」と当時の検事総長が語っていたように、反戦主義者を一網打尽にするデッチ上げ事件だった。

死刑判決から一等減じられて無期懲役にされた坂本清馬は、戦後になった五十年後、再審請求の訴えを起こしたが、最高裁でも棄却され、失意のうちに他界した。

戦時中の四二年、「共産党再建」(治安維持法違反容疑)で、編集者、新聞記者など六十人が逮捕、投獄され、四人が獄死したデッチ上げ言論弾圧が、「横浜事件」である。

有罪にされた被告たちは戦後になって再審請求、裁判がはじまったが、無罪にしないまま裁判を打ち切る「免訴」とした。

遺族二人が国家賠償請求を起こして名誉回復を図ったが、東京地裁は拷問や証拠隠滅を認めながらも、国家賠償法のなかった時代の事件だから、との理屈で棄却した。

高裁に控訴した原告の木村まきさんは小柄な女性だが、いつも背中が曲がるほど、資料の一杯詰まった布袋を両手に提げて、市民集会で配布している。

死没者の怒り

2016

「〈ヒロシマ〉といえば　〈ああヒロシマ〉と　やさしいこたえがかえって来るためには」

ヒロシマの詩人・栗原貞子さんが詠《うた》った。ヒロシマ、ナガサキは日本人にとって、あまりにも重い平和の原点である。

今年の「原爆の日」には、広島の被爆者代表が、安倍晋三首相にむかって、「日本国憲法は死没者の遺言だ」と言いきった。

8月9日

憲法を変え、沖縄の米軍基地を増強しようという首相が、「ヒロシマ」、「ナガサキ」といったにしても、日本に侵略されたアジアの人たちは、この悲劇の地名に優しさと悲しみを感じることはない。

被爆地にでかけた安倍首相は、無情にも「安保法制によって日米軍事同盟は完全に機能する」と語った。軍事同盟が完全に機能するとは、一緒に戦うということにほかならない。これでは死者たちは眠れない。

石破茂元防衛相は、核政策のための原発必要論者だが、稲田朋美新防衛相も、核兵器保有論者である。それを承知で任命した安倍首相自身、祖父の岸信介、大叔父の佐藤栄作元首相とおなじく、かつて小型核兵器の保有に言及している。

右派の政治家で固めた「身内内閣」発足後、二〇二〇年まで首相で居残り、改憲を断行したいにおいがぷんぷんしてきた。

しかし、おごる自民党の衰退は、参院選の沖縄、福島選挙区、鹿児島県知事選、東京都知事選でも明らかだ。

戦争は美しいか

2016

八・一五はたいがい、どこかの集会にでかけている。今年は神戸の友人に呼ばれた。空襲被害の大きい町の人びとに、空襲を知らない人間が、なにをいうことができるのか、とも考えたりしたが。

でも、青森県弘前市で疎開は経験ずみだ。大都会の子どもたちのような集団疎開ではない、建物疎開。空襲にそなえて道路を拡張し、防火帯をつくる。そのための線引きにしたがって家を取り壊す。

8月16日

いま安倍内閣が考えている、「緊急事態時」の強権発動とおなじだった。だから、八月十五日は疎開先の山村で迎えた。国民学校一年生だった。友だちはいない。神社の境内で一人遊んで、間借り先に帰ると、両親が円筒形のちいさなラジオの前に正座、四つの足裏がみえた。泣いていた。

それから七十一年。日本政府の不思議は、平和のためといいつつ、米国の戦争に参加する法を強行採決、防衛予算を増やし、戦闘機やミサイルを増強していることだ。沖縄辺野古や先島に、軍事基地建設を強行している。

戦争は政府の命令ではじめられる、人殺し作戦である。殺すのは敵兵ばかりではない。

敵国の女性を性的暴行し、虐殺し、人肉を食らい、部下をリンチで半殺しにし、気に喰《く》わない上官は殺害した。日本兵が体験した蛮行だ。

政府が「平和のための戦争」といいだすのを防ぎ、戦争は絶対させない運動を強めたい。

101歳反戦の遺言

2016

今日、埼玉の斎場で、拙著『反骨のジャーナリスト』の最後の生存者、むのたけじさんのお骨をあげる。訃報は二十一日朝、同居している末っ子の武野大策さんからきた。

とっさに思い浮かんだのは五月三日、東京湾岸の有明防災公園。仮設舞台に車イスで登場、マイクを握った右手を振りまわしている雄姿だった。

「憲法九条が平和の武器だ」と語った。その大音声はマイクがなくとも、会

8月23日

場を埋めた五万のこころの隅々にまで届いているようだった。

その日は自宅のあるさいたま市から、大策さんが混雑を避け、車イスを押して電車でやってきた。帰りもだったから、無理をお願いしたわたしは不安だった。

案の定、体調を崩されてお茶の水の病院に入院、回復することなく他界された。

集会のあと、故郷秋田県横手市で、旧制中学の恩師、石坂洋次郎の没後三十年の集いに出席するのを楽しみにしていた。石坂さんにはかわいがられた、とむのさんは少年のような笑顔になった。

「憲法を守れ」は五月三日大集会での百一歳のアピールだった。敗戦を迎えたあと、大本営発表を記事にしていた自分を恥じ、朝日新聞を退社。

帰郷してローカル紙「たいまつ」を創刊し、反戦を訴えつづけた。

九条破壊が叫ばれ、いま、たいまつは一段と輝く。相手に負けない考えをつくれ。むのたけじの遺言である。

夜郎自大意識を排す

2016

テレビで見るだけだが、この人の尊大ぶった態度は、ますます鼻につくようになった。

アジア、中東などへの原発輸出行脚のあとは、「最後の巨大市場」アフリカ開発。官民挙げて三兆円を投資すると安倍首相は言明した。

日本が目指すアフリカは、「産業化した強靭《きようじん》なアフリカ」という。進出で先んじている中国のむこうを張るつもりのようだが、「強靭なアフリカ」な

8月30日

ど、日本産業界の期待ではあっても、ほんとうにアフリカ住民の幸せになるのか、立ち止まって考えてもらいたい。

原発輸出や兵器輸出と、安倍政権下の日本は、平和国家の矜持《きょうじ》を捨てて、遮二無二、死の商人になり果てようとしている。それにたいして、兵器工場や原発工場のなかから、なんの声も上がってこない。

労働者たちは、すでに「秘密保護法」でがんじがらめだとしても、自分たちがつくりだす生産物が、他国の人たちのいのちを脅かし、不幸を与える、ということを想像できないのだろうか。

生活のため、という屈服を政府が国民に強いるのは悪政というべきだ。

原発の再稼働や兵器輸出、自衛隊が発砲するかもしれない、アフリカへの「駆けつけ警護」派遣についても、大企業の労働組合はなんら発言していない。

それが安倍政権の「夜郎自大」の大国主義と傲慢《ごうまん》さを支えている。

連合よ、目を覚ませ！

インクの証明

2016

やっぱり、偽造だった。五十三年前のことである。

女子高校生殺人事件の容疑者として逮捕された石川一雄さん（七七）は、一審死刑、二審無期懲役刑の判決（最高裁で確定）を受け、三十一年半も拘禁された「狭山事件」の重要証拠の万年筆は、被害者のものではなかった。

やり直し裁判をもとめている弁護団は、先月下旬、万年筆に被害者のインクは入っていなかったとする鑑定書を、新証拠として東京高裁へ提出した。

9月6日

被害者のNさんが所持していた万年筆は、石川さん宅の勝手口かもいの上で、三度目の家宅捜索で発見された。

だれでも気がつくかもいの上に、二カ月近く置かれていて、十数人の捜査官が二度にわたって捜索してなお、発見されなかった。

三度目で発見したとき、兄の六造さんが呼ばれた。兄の不審そうな表情をカメラが収めている。重要証拠なのに、素手で万年筆を掴《つか》ませている。証拠保全よりも、兄も発見現場にいた、という状況証拠づくりが、わたしの疑惑だった。

そのあとインクがちがうことが判明した。が、再審棄却決定は被害者が郵便局でインクを補充した、との推論に依拠していた。

最近になって被害者のインク瓶が開示された。万年筆に別のインクを補充した場合でも、元のインク瓶のインクの色は微量でも検出されるはずだが、それがない、との専門家の鑑定結果がだされた。

がんを育てた男

2016

がんで亡くなった友人。がんになったけど生きている友人。日本人の二人に一人が患い、三人に一人が死ぬ、という。がんは見慣れた風景となった。

知人の映画評論家・木下昌明さん（七八）は四年前、肛門にがんが発見され、手術しなければ余命半年から二年と宣告された。

前立腺もぼうこうもそっくり削り取る、骨盤内臓の全摘手術が医師の提案だった。

9月13日

長身で飄々《ひょうひょう》、自転車で都内を駆けまわっていた木下さんも、さすがに動揺する。手術に十時間を費やすという。

彼は小型のビデオカメラで、医師との対話を録画していた。その映像とCT（コンピューター断層撮影）、MRI（磁気共鳴画像装置）、PET（陽電子放射断層撮影）などの検査画像を編集して、映画をつくった。

転んでもただでは起きない、ドキュメンタリー精神だ。タイトルは『がんを育てた男』。セカンドオピニオンとして、『患者よ、がんと闘うな』で知られる近藤誠医師を訪ねると「育ててみてはどうか」と言われ、驚く。

しかし、受けいれた。

この映画の主張は「患者が選択する」だ。選択の連続が実存だ。木下さんはQOL（生活の質）を優先して、臓器を丸ごと切除する外科手術第一主義に抵抗。「放射線治療＋抗がん剤」で、がんを消すことに成功した。

「死を意識すると緊張が走るね。生きる時間を意識できる」

という。同感だ。

10万年後の安全

2016

カネといのちとどっちが大事か、と問われれば、いのちと答える。

しかし、他人のいのちと自分の儲《もう》けとどっちが大事か、と聞けば、いのちと答えながらも、自分の儲けを失いたくない人は多い。

原発事故のあと、福島の人たちが生活に困り、将来への希望を持ちえないでいる。そればかりか、子どもに甲状腺がんがふえていても、電力会社が再稼働をしたくてたまらないのは、他人のいのちよりも、会社の儲けを大事に

9月20日

する欲望に勝てないからだ。

公害企業の幹部の前で、被害者たちがこれまで、どれだけ「人間になってください」と叫んできたことか。

しかし、原発事故は一般の公害とは、被害規模も未来への影響も、はるかにちがう。何千年にもわたる、人類と自然の共存にダメージを与える危険な操業だ。

避難訓練が義務づけられている工場稼働など、ブラックユーモアだが、現実の恐怖なのだ。

原発立地の村長や市長の会社が原発工事で儲ける。今村雅弘復興相が東電の株を買い付け、稲田朋美防衛相の夫が、軍需産業の株を大量取得。人の不幸で儲ける不道徳だ。

「もんじゅ」は一兆円を投じて破綻、再処理工場は核兵器生産のために温存。ようやく、経産省も核廃棄物の保管に十万年が必要と公表した。

二十二日正午から、東京・代々木公園で「さようなら原発　さようなら戦争　大集会」をひらきます。

幸福追求権

2016

ウランバートルにあるモンゴル国立大学で、日本の法律を学ぶ学生たちに会った。

モンゴルはいまは日本の相撲界を席巻しているが、第二次大戦中は、ソ連とともに、ドイツ、日本のファシズムと戦う側にあった。

それでもいま、若者たちは、親日的で留学生はふえている。

日本労働ペンクラブの一員として、わたしもロシアと中国のはざまにあっ

9月27日

て、資本主義化の道を歩む労使の現状視察に加わった。

日本語の堪能な学生たちと会って、日本国憲法のどこが印象的だったか、との質問にたいして、男の学生が答えた。

「満員バスの中で苦しんでいるときに、幸福権の追求を思い出します」

ハッとさせられる発言だった。東京の通勤地獄はいまは当たり前で、押し合いへし合いしながら、

「生命、自由及び幸福追求に対する国民の権利については（略）最大の尊重を必要とする」（第一三条）

を思い起こす人はいない。

学生はユーモアまじりにいったのだが、わたしがハッとさせられたのは、フクシマの避難民を思い起こしたからだった。

この人たちが、古里を失い、いま路頭に迷う生活をつづけているのは、バスや電車の「地獄」などよりも、はるかに重大な権利の侵害なのだ。

原発は、個人として尊重される幸福追求権を根底から破壊している、違反だとする感性がいま必要だ。

虚構のサイクル

福島原発事故から五年半、日本には原発は無理だ、とさまざまに立証されている。やがてくるであろう大地震が最大の恐怖だが、生活を奪われた原発被災難民の困窮は、ますます深まっている。

使えば使うほど増えるという、詐欺のような「夢の増殖炉」もんじゅの破綻は、覆うべくもない。すでに一兆円、原子力船「むつ」につぐ壮大なゼロ、国費のムダ遣い。

2016

10月4日

もんじゅがダメなら、アストリッドと安倍首相が仏の実証炉の先物買い。ところが、原発大推進の日本原子力学会さえ、「どれだけ協力費を強いられるか疑問」と警戒している。

再処理工場の原料、との触れ込みで、青森県六ケ所村のプールには、各原発から「使用済み核燃料」が運び込まれ、満タン状態。

肝心の再処理工場は試運転さえ二十数回延期で、にっちもさっちもいかない。

もんじゅとともに描いた、虚構の「核燃料サイクル」である。

石原宏高内閣府副大臣は、原爆六千発分にまでたまったプルトニウムを「着実に利用します」と国際原子力機関総会で約束した。

が、安倍首相の「アンダーコントロール」とおなじ、まっ赤な国際的虚言。

東電の賠償、除染、廃炉費用は二十兆円に増殖しそうだ。政府は新電力の電気料金に上乗せ、つまりは消費者に押しつける悪巧み。

原発の将来は、だれにも責任が取れない行き止まり、とよく分かった。運転やめて考えよう。

「共存共栄」はうそだった

2016

「よかった」「よかった」と友人たちと言い交わしている。

新潟知事選での米山隆一氏当選への安堵《あんど》の声である。自民・公明推薦の候補が、圧倒的に強そうだった。肝心の民進党は腰が定まらず、勝利は危ぶまれていた。

それでも勝ったのは、政府・東電が強行を図る原発再稼働への不安と批判が強かったからだ。もはや原発賛成では当選できない。

10月18日

鹿児島県知事選につづく、原発立地地域の審判である。ますます深刻化するフクシマの悲劇と沖縄を変えた「オール沖縄」共闘の教訓だ。

再稼働の欲望とは、破綻したアベノミクスの押しつけであり、電力経営者のいまさえよければの偏執である。

会社の一瞬の利益のために、地域の将来といのちを犠牲にする。かつては地域との共存共栄を謳《うた》っていたが実は「独存独栄」だった。

東電の例でいえば、広大な地域を汚染し、人びとを離散させ、大量の動物を殺し、補償も満足にできず、国におんぶにだっこの経営。とはいっても、実際はそのツケは巧みに消費者にまわす。

住民の避難計画が必要な工場とは、まるで戦時体制の恐怖である。

いまはだれも、絶対事故は起こらない、と言い切らない。事故も防げない、補償もできない、避難も除染もできない。そして被ばく労働者がふえる一方。

原発は非合理、不道徳、無責任。その現実が世論に浸透して批判票につながった。

がんばれ、新聞！

2016

いま、沖縄にいるので、大阪から派遣された機動隊員が、沖縄県人にむかって「土人」とののしった事件を、東京の新聞がどのくらいのスペースであつかっているか分からない。

松井一郎大阪府知事が「命令に従って職務を遂行している」と警官を擁護したのは驚きだ。人権感覚ゼロだ。

沖縄の報道の自由について、「国境なき記者団」が「安倍首相再就任以来、

10月25日

報道の自由への配慮が大幅に後退している」と警告している。

沖縄二紙の記者を機動隊員が拘束したり、「つぶしてしまえ」とＮＨＫ前経営委員の作家・百田尚樹が暴言を吐いたり、沖縄の新聞が嫌がられているのは、よく闘っているからだ。

台湾中央通信社の楊明珠東京支局長は、「日本のメディアは怯《おび》えすぎている。報道することで政権と堂々と対峙《たいじ》すればいい」「新聞社、テレビ局の幹部が定期的に首相と会食していることに驚く。権力の監視役であるべきメディアにとって、恥ずかしい行為」（新聞労連十月一日）と批判している。

沖縄の新聞は沖縄の人たちから、自分たちの代弁者として支持されている。安倍首相や松井知事と会食したりはしない。どんな政権でも批判すべきは批判する。これが民主主義社会の新聞の常識だ。

日本の新聞が、世界から批判されるほどに温和《おとな》しいのは、日本には民主主義が満ち足りているからなのか。

二枚舌政治

2016

日本の政治家の言動はよくわからない。

三期九年も首相の座に居座りつづけたい安倍さんは、野党に下野していたとき、「ＴＰＰ（環太平洋連携協定）交渉参加に反対という立場をとっております」と書いていた（『美しい国へ』『新しい国へ』の二著で）ことを、すっかりお忘れだ。

山本有二農相が強行採決をチラつかせると、安倍さんは「自民党は強行採

11月1日

決などやったことがない」と開き直った。エンマさんにいいつけたいほどの見え透いたうそ。

最近、もっとも分からないのが、「核兵器廃絶」を唱えながら、「核兵器禁止条約」には抵抗、反対する日本政府の二重基準。

自国を「唯一の被爆国」（南太平洋諸島の被爆者を無視しているが）といいながらも、核兵器の法的規制には反対する。

スローガン的に「核兵器廃絶」とはいいながらも、本気の法的禁止の条約制定になると、途端に腰砕け。米国の鼻息をうかがって、百二十三カ国の賛成にたいして、公然と反対した。

被害者が加害者に迎合するのは、いじめられっ子の従属だ。

駐留米軍の住宅費などの経費まで負担させられているのは、まるでいじめっ子に脅かされている被害者のようだ。

核兵器禁止条約に反対なのは、ひそかに将来の核武装を狙ってのことか。

核拡散防止条約（ＮＰＴ）未加入のインドに、原発を輸出する野望のためなのか。

過労死と労組

2016

電通の過労死者は、この二十五年間ですくなくみても、二十代、三十代あわせて三人といわれている。死に至る前に病気で退社、精神的なダメージを受けた人は、どのくらいになるのだろうか。

「死ぬまで働け」というのは会社の恥だ。が、その一歩手前まで追い込むのはめずらしくない。電力、自動車、鉄鋼、電機。日本の代表的な会社で、過労死が発生しているのは、長時間根性労働が美徳とされているからだ。

11月8日

その責任が会社にあるのはもちろんだが、労組にも半分がある。

一日八時間、一週四十時間。これが労働基準法の規定だが、三六条で労使が合意すれば残業を延ばせる「抜け穴」が準備されている。

終業時にタイムレコーダーを押して、帰ったことにして働くなど、無給残業も青天井。職場に役員のいる労組が知らないはずはない。

憲法は基本的人権や健康にして文化的な生活、さらには思想、表現の自由を保障している。労組は労組法によって守られている。

それでも労働者の健康といのちを守ることができず、見てみぬふりする労組幹部は、「御用」と呼ばれてきた。

過労死等防止対策推進法もある。それでも、組合員のいのちを守らない労組幹部の罪は大きい。無理な原発再稼働を図る電力会社でも、過労死がでている。事故がなくとも孫請け労働者の被曝はすすむ。

労組幹部よ、人間的になって尊敬されよ。

川内原発動かすな

2016

十一月中旬になっても鹿児島駅前は真夏のような日差しだった。広場に座り込んでいる人たちは、赤い紙に白字で、「川内原発動かすな」と印刷した、手持ちのプラカードを日よけ代わりに、凌《しの》いでいる。

「さよなら原発！11・13全国集会」は、定期点検、休止している1号機を、またぞろ動かそうとする、九州電力にたいする抗議行動だった。

七月の鹿児島県知事選は、熊本地震の恐怖もあって、脱原発運動が協力し

11月15日

た三反園《みたぞの》訓氏が当選、「稼働中の原発即時停止・全面停止」を主張している。

さらに、おなじ原発立地県である新潟でも、原発反対を訴えた知事候補が当選、原発のカネに惑わされない健全が勝利しはじめた。

再稼働に反対するわたしのかねての主張は、「避難計画が必要な工場の操業など許されるのか」というものである。いったん事故が発生すれば、故郷も生業《なりわい》も壊滅状態になる。

「地元との共存共栄」と宣伝していた結末は、五年がたってますます生活が悪化している、フクシマの犠牲が示している。

原発の再稼働は、「破滅しても利益を」というロシアンルーレットである。

集会には、おなじギャンブラー・四国電力伊方原発と九州電力玄海原発の反対運動からも参加。三十年も前から、「核燃まいね（ダメ）、原発やめて」のデモを青森県弘前市でつづけている、倉坪芳子さんの姿があったのに驚き、喜んだ。

沖縄侵攻作戦

2016

北方四島のうちのもっともちいさな、歯舞、色丹二島くらいは返してくれるのでは、との期待が、鳴り物入りのプーチン・安倍会談に懸かっている。が、どうも難しそうだ。

その代わりというべきか、政府は二十年前に決まっていた、沖縄の米軍北部訓練場「一部返還」(四千ヘクタール)を、大々的に宣伝しそうだ。来月二十日に返還式が予定されているため、沖縄県東村高江地区は異常事態だ。

11月22日

高江地区では、その南側に建設が予定されている、辺野古米軍新基地付属のオスプレイパッド（着陸帯）の工事が強行されている。

この湿潤の森は、国の特別天然記念物ノグチゲラをはじめとして、ヤンバルクイナなど、貴重な絶滅危惧種の宝庫なのだが、惜しげもなく樹木が切り倒され、大量の砂利が運び込まれている。

その見返りとして、使用価値のない訓練場の一部を返す。基地負担の軽減だ、と米軍と政府は恩着せがましい。

常駐する五百人の機動隊員が県道を封鎖して市民の通行を遮断、運動の指導者を逮捕、長期勾留し、起訴した。

まるで戒厳令下だ。ダンプ四台一組、その前後をパトカーで固める護送作戦。政府・業者が一体化した突貫工事を目撃して、わたしは目を疑った。

それぱかりか、工事用重機を陸上自衛隊のヘリが空輸し、警察車両が作業員をはこび、工事車両に機動隊員が同乗する。

沖縄侵攻作戦は、今日もつづいている。

未来を紡ぐ

2016

原発は確かに危険だ。しかし、とりあえず大丈夫だろう、という怠慢が福島原発事故を防げなかった。原爆の恐怖を訴えつづけ、精神科病院に入れられた黒澤映画『生きものの記録』のように、叫びつづけなかった悔いがある。予想されていたように事故が発生した。住民の生活は破綻、病人や死者が出ても、政権と電力会社とその労組は、儲《もう》けのために再稼働を準備している。モラルよりもカネの畜生道、自公の無節操がその道を掃き清めている。

11月29日

「物事は初めは少数の人によって、ときにはただ一人ではじめられるものである」

とのガンジーの言葉を掲げてはじまるのが、島田恵監督の映画『チャルカ・未来を紡ぐ糸車』である。

チャルカはインドの手紡ぎ糸車のことで、イギリスに収奪されるばかりだった綿花を、自分たちで紡ぎ、手織りの布を作ることからはじめた、独立運動の象徴である。

近寄ったら即死。「使用済み核燃料」の捨て場はどこにもない。人類にとって最大の難問である。

巨大技術からの脱却。意識の転換がはじまっている。マイケル・マドセン監督の映画『100000年後の安全』で知られる、フィンランド「オンカロ」。

地下五百メートルの岩盤の中で、核最終処分場を取材している島田さんに、物理学者が答える。オンカロでさえ氷河期に入ったあと危険になる、と。

未来にだれが責任を取るのか。

ギャンブル政治

2016

トヨタ自動車の季節工をしていたとき、独身寮の便所の落書きに、「俺はカネさえもらえばいいんだ」とあったのを読んで、悲しい思いをしたことがあった。

もう四十三年も昔のことだが、社員とおなじ寮だったから、若い労働者が書いたのだと思う。なんと絶望的な言葉だろう。日本人は働くことに意味を求める。それさえ満たされない夢なのか、という思いがこもっている。

カネ、カネ、カネ。ただカネのためにだけ働くのではない、もっとちがった人生を選びたい、という希望が、落書きにこめられている。

その言葉を思いだしたのは、いま自民党が反対論を押し切って進めている「カジノ解禁法案」に触発されてのことだ。

これはズバリ、カネのための法案である。人を犠牲にしても、家庭が崩壊しても、自殺者がふえても、暴力団がのさばっても、とにかくカネが欲しい、という欲望を解禁する法律である。

勘ぐれば、安倍首相がまだ大統領就任前のカジノ王・トランプ氏にまるで抜け駆けのように、高価なお土産持参で会いにいったのは、カジノの先輩にアドバイスを受けるためだったのだろうか。

「ギャンブルなど依存症への対策を抜本的に強化する」と付帯決議にあるのだが、依存症をつくらないギャンブルがあるというのか。

これも安倍式無責任巧言令色話法であろう。

2016

「靴下は人権だ」

沖縄県名護市、海に面した警察署の玄関前に、百人ほどが集まっていた。先週土曜日、手に手に厚紙で作った靴下の模型やさまざまな靴下の実物をかざしている。二本の竿《さお》の間に満艦飾状にぶら下げられた靴下もある。

「靴下はパンツとおなじだ」「くつ下がないと寒いよ」「くつしたの差し入れを許可して下さい」と書かれていて、靴下を鉄鎖で縛ったデコレーションもみえる。

12月13日

二階の留置場に、沖縄平和運動センターの山城博治さん（六四）が、逮捕、勾留されてもう五十日たった。

朝晩寒くなって、病み上がりの山城さんは靴下を欲しがっている。が、警察は差し入れを認めない。「靴下は人権だ」と主張する行動である。

そこから北上した東村。米軍に接収されている「訓練場」のほぼ半数を、使われていないから返還する。その代わりに、高江地区周辺に、六個の「オスプレイパッド」を新設する。

この身勝手な「スクラップ・アンド・ビルド」工事への、抵抗運動のリーダーが山城さんである。

「起訴したあとも証拠隠滅を理由にして、これだけ長期間、妻や家族の面会さえ解除しないのは、異常です」（金高望弁護士）

今月二十二日、「沖縄の負担軽減の成果」として、安倍内閣は一部返還式を盛大に行う。それが成功すれば、県警は靴下の差し入れを認めるのだろうか。靴下は自殺の道具というのは、靴下への差別だ。

悲劇の源

2016

二機連続で事故を起しても、地元の不安と反対の声を無視して、強引に再飛行開始のオスプレイ。戦争用とはいえ、再稼働を焦る原発とともになんとも危険だ。

最高裁は二十日、普天間のオスプレイ基地をスクラップ化、辺野古海岸に新設（ビルド）する、埋め立て工事を認める判決をだす。沖縄県の訴えを退け、地方自治も環境権も無視、政府に従属する憲法軽視の判決である。

12月20日

二十二日、政府は名護市で米軍訓練場の一部返還式典を実施する。しかし、翁長雄志知事をはじめ、県議会議長や周辺の市長も欠席。オスプレイパッド（発着帯）の完成と引き換えの返還式だが、地元からはまったく祝福されていない。

この日に帳尻を合わせるための突貫工事だったから、完工とはいえない杜《ず》撰《さん》工事だった。建築資材は現場に山積み、式のあとの追加工事は必定だ。「発着時に垂直にした排気筒から出る高熱の排気熱には耐えられない」（建築家・真喜志好一氏）

日本政府はオスプレイ配備を隠し、通常のヘリコプターパッド建設の環境アセスしか実施していなかった、と十九日、米軍が認めた。

工事は世界的にも貴重な、「湿潤亜熱帯照葉樹林」を大乱伐。「森の虐殺」といえる自然破壊の野蛮は、映画『高江　森が泣いている2』（藤本幸久・影山あさ子監督）に生々しい。

戦争のためならどんな無法でも許されるのか。沖縄の人たちから支持されない一歩的な式典は、醜態というべきだ。

避難者の苦難

2016

「しんさいでいっぱい死んだからつらいけどぼくはいきることにきめた」

福島から横浜に避難、手記を書いた小学生には、死なないでくれてありがとう、というしかない。

「ばいきん」あつかいや「ばいしょう金あるだろ」など、子どもの世界に横行しているいじめは、そのまま避難者にたいする世間の視線であり、陰口である。

12月27日

被害者ばかりがワリを喰《く》って、加害者の東電や政府は平然として、またおなじ過ちを犯しそうだ。

「自主避難者」という言葉は馴染《なじ》めないものだ。だれも好きこのんで古里を捨てたわけではない。一緒に暮らしていた人たちは、てんでんばらばら、全国に散った。仕事も失って異郷で生活している苦難は、けっして自主的に選んだものではない。

「帰還困難区域」という行政用語にひっかからない人たちは、来年三月から、借り上げ住宅の無償提供を打ち切られる。被曝《ひばく》が心配な福島へ帰るか、避難先で補助もないまま暮らすのか、その選択を迫られている。

「住宅の無償提供延長を」と訴えて県会議員たちの間をまわった避難者は、自民党幹部から「勝手に逃げた者が何をいうか。請願には賛成できない」といわれたという。

被曝労働者や放射線避難者など、原発の犠牲者を尻目に原発を推進、自分は議席に収まって太平楽。自公議員たちは、平成の吸血鬼といわれてもしょうがないな。

2017

マンゴーとミサイル

2017

沖縄本島から、台湾にむかって南下する、宮古、石垣、与那国島などの南西諸島は、防衛省からみた「空白地帯」なのだ。

なんの？　自衛隊基地の！

軍事基地があったからこそ戦場にされ、県民十五万人が犠牲になった。その沖縄戦の記憶がまだ生々しい、本島北部の辺野古や高江地区に、米軍新基地が押しつけられ、いま住民は激しい抵抗をつづけている。

1月3日

日本最西端の与那国には、すでに陸上自衛隊基地が建設され、沿岸監視部隊百六十人が配置された。さらに石垣島と宮古島にも、自衛隊基地を建設。防空、対艦ミサイルなどを配備する計画がある。

それぞれ六百人から八百人の自衛隊員が駐留し、平和の島が要塞《ようさい》の島にさせられる。「島嶼《とうしょ》防衛作戦」は火遊びだ。

去年の暮れ。石垣市の中山義隆市長は、いきなり自衛隊配備の受け入れを表明した。予定地周辺の四地区代表との約束を裏切った、と猛然たる批判を受けている。その前にあった、辺野古基地建設容認に土壇場《どたんば》で寝返った仲井真前知事の心変わりが、どれほど沖縄の人たちを苦しめていることか。

大みそか。マンゴー農家・川上博久さん（六八）の案内で、バンナ森林公園の展望台から、予定地を眺めた。島の中央部、なだらかな緑の平原が美しく広がっている。

異形のミサイルが虚空を睨《にら》む、恐怖の光景は想像できない。

「この辺りはマンゴー農家が多く、それぞれ後継者がいるのです」

川上さんは不敵な表情を見せた。

マンゴーとミサイル2

2017

父親や息子が遠い戦場にでかけ、遺骨となって帰るまで（ほとんどの遺骨は帰れなかった）どうしていたのか、遺族は分からない。

中国大陸やアジア・太平洋諸島で、食糧を奪い、住民を殺し、はては人肉を食った。沖縄の人たちも日本軍から、虐殺、虐待された。

沖縄本島の辺野古・高江へのオスプレイ配備は秘密にされ、先島の宮古島や石垣島の自衛隊ミサイル基地化計画も秘密だった。

1月10日

これからまた、南西のちいさな島々が自衛隊の基地にされ、住民が戦闘に巻き込まれたなら逃げ場はない。イラクやシリア難民よりもさらに悲惨だ。

防衛省文書「南西地域の防衛態勢の強化」では「島嶼《とうしょ》への侵攻があった場合、速やかに上陸、奪回、確保するための本格的な水陸両用作戦能力を新たに整備」とあり、日本版海兵隊の「新編」が計画され、すでに米日合同演習が行われている。

安倍首相が真珠湾で、米日軍事同盟の強化を誇示した翌日、稲田防衛大臣は靖国で戦死者慰霊。首相と防衛大臣は、憲法に無頓着かつ好戦的だ。

石垣島のミサイル基地予定地は、島の中央にあって、営々と開拓されたマンゴーや野菜の宝庫である。

「大事な問題が非民主的市長独断で進められている。ミサイルを並べ立てたら、こっちから中国にけんかを仕掛けることになる。警備するなら海上保安庁で十分なはずだ」

と、農家二世の花谷《はなたに》史郎さん（三五）。

反対運動はこれからだ。

いやな感じ

2017

新年がはじまった。でもスッキリした気分になれない、いやな感じが残る。暮れにオバマ米大統領と真珠湾で会った安倍首相は、「和解」と「寛容」の言葉をカバンに蔵《しま》い込んで帰国した。

謝罪なしの和解、不意打ちした側からの寛容の要請。テレビ中継を見ていて、どれほどの心がこもっていたのか、などと考えさせられていた。

これまでの国会の答弁に、相手にたいする尊敬、寛容、和解など、こころ

1月17日

の柔軟さを感じさせられる態度がすくなかったからだ。

国会で首相は、海上保安庁職員、警察官、自衛隊員への感謝を、と自民党員たちに呼びかけた。総立ちの拍手喝采となった。

そのあと、沖縄で大阪府警の機動隊員が、オスプレイパッド建設反対の市民を、「ボケ、土人」「シナ人」と罵倒する事件が発生した。

ところが、松井一郎府知事は、首相の感謝の言葉に呼応したのか、不偏中立、公正を旨とする、警官の差別発言をとがめなかった。

「ご苦労様」とねぎらい、鶴保庸介沖縄担当相に至っては「差別とは断定できない」と擁護。そして閣議で、「謝罪は不要」と決定した。

安倍首相と真珠湾に同行した稲田朋美防衛相は、帰国後に早速、靖国神社詣で。無念の戦死をした、真珠湾「英霊」の顕彰だったのだろう。

防衛相の靖国慰霊をどう思うのか、と記者に聞かれて、「ノーコメント」と安倍首相。

もしも「共謀」でなかったなら、叱責《しっせき》すべきだ。

オバマ大統領に語った、寛容と和解の対極が、靖国神社ではなかったのか。

国警

2017

戦後日本民主化の一環として、マッカーサーは警察を国家警察と自治体警察に二分、中央集権的な警察権力を地方分権にした。

ところが残念にも、国警（滑稽）と「市警」（失敬）との対立、と市民から揶揄《やゆ》された縄張り争い、有力議員との癒着などもあって、現状にもどった。

いま沖縄の辺野古・高江米軍基地建設反対運動にたいして、大量の機動隊を差しむけた、中央政府の露骨な弾圧政策を目にすると、戦後の民主化の不

1月24日

徹底さを痛感させられる。

　大阪から派遣された若い機動隊員ふたりが、沖縄の市民に投げつけた「土人」「シナ人」の悪罵は、支配者意識丸出しのものだった。運動のリーダー山城博治さんなど三人を、微罪を口実に次々にたらい回し逮捕、もう三カ月以上も恣意《しい》的に拘禁している。

　この中央政府の敵意と焦りと差別意識こそが、機動隊員の野蛮さをつくりだした。

　裁判所は人権擁護の重責を果たさず、この「共謀罪」の先取りに追随して、内外の刑法学者、法律家、表現者が批判する「不当に長い拘禁」を認めた。

「ナチスが最初共産主義者を攻撃したとき、私は声をあげなかった　私は共産主義者ではなかったから」

　自身も強制収容所に収容された、ドイツの牧師マルティン・ニーメラーの悲痛な詩である。

「そして、彼らが私を攻撃したとき、私のために声を上げる者は、誰一人残っていなかった」

邪推の認定

2017

先週土曜日。新宿駅西口から少し離れた、甲州街道沿いの正春寺《しょうしゅん》で、管野須賀子の墓前祭があった。

百六年前の一月二十五日。幸徳秋水ら男十一人は前日に処刑された。彼女だけが翌日にまわされたのは、前日の早朝から絞首台がフル稼働で、彼女の番に到達しなかったからだ。

天皇暗殺の「恐るべき大陰謀」と報道されたが、実際は三十歳前後、三、

1月31日

四人の若者たちの「煙の様な座談」(「死出の道艸《みちくさ》」)と管野は獄中で書いた。計画というほどの具体性はなく、実行為はなかった。それでも、爆弾を作った男がいたため連座させられ、二十六人が逮捕・投獄、十二人がこの世から抹殺された。

市ヶ谷の刑場から運ばれた管野の遺体は、正春寺に埋葬された。いま、寺の一郭に、高さ一・五メートルほど、自然石を利用した記念碑が建っている。「くろ鉄《かね》の窓にさし入る日の影の移るをまもり今日も暮らしぬ」

死を覚悟した管野の短歌が刻まれてある。

「そこで不逞《ふてい》の共産主義者を尽《ことごと》く検挙しようと云《い》うことに決定した」「邪推と云へば邪推の認定」と、のちに検事総長になった小山松吉が語り、その上司だった平沼騏一郎(元首相)は、爆弾製造の密告を受け「事件が本当であれば秋水は首魁《しゅかい》に違いない」(『回想録』)として、見込み捜査に当たった。

冤罪《えんざい》で処刑しても出世する官僚制度。共謀罪の犠牲者を誰が救えるのだろうか。

避難者を見捨てない

2017

東電福島の大事故からもう六年になろうとしている。「風化」がいわれたりしているが、そんなことはない。むしろ、すべての分野で、原発はもうダメだ、との声が強まっている。

電力会社は政府に後押しされ、火事場泥棒のように隙をついて再稼動を強行し、もうけにありつこうとする。被災者は時間がたつにつれてますます生活困窮を深めている。

2月7日

戦争責任を誰も取らなかった退廃のように、いまも政界、財界は事故に頬かぶり。またもや危険な原発を動かそうと策謀する。

この六年間、わたしたちは脱原発と、再稼動を認めない「さようなら原発」の運動をつづけてきた。が、落ち着かない気持ちもあった。

被災者をどうするのか。原発の犠牲になった人びとを忘れているわけではない。集会にもきて頂いた。しかし、その人たちに寄り添うようにはしてこなかった、との思いがあった。

わたしたち「さようなら原発」運動は、二月二日、福島市にでかけ、内堀雅雄知事に、「区域外避難者の住宅無償提供継続を求めます」とする要望書を提出した。

三月末で「自主避難者」と呼ばれる人たちへの住宅提供は、非情にも打ち切られようとしている。避難者に「強制」も「自主」もない。

被曝を恐れ、子どもたちを抱えて故郷を立ち去った人たちを、見殺しにできない。

市民派市長いじめ

2017

ＪＲ中央線・国立駅前から一橋大学まで真っすぐにむかう道は、両側に桜と銀杏の街路樹が見事につづく、田園都市風。

街並みが大事にされているのはなによりの文化遺産であって、市民の努力の成果だ。と、その景観を売り物にして、高層マンションを建てる業者があらわれる。商品化によって景観を破壊し、つまらない街並みにさせる。日本中にあらわれた儲《もう》け主義だ。

2月14日

十八年前の一九九九年、マンション訴訟運動に押されて市長に当選した上原公子さんは、高さ規制の条例を議決させるなど市民のために力を尽くした。ところがマンション業者は、市に損害賠償を請求、裁判所は「(市は)社会通念上許容される限度を逸脱している」と業者の訴えを支持した。

さらに市が支払った賠償金を、上原元市長に支払わせようと裁判を起こす人物まででた。

これを二〇一四年に東京地裁は、「元市長への求償権行使は信義に反し許されない」と却下した。ところが、高裁で逆転判決、最高裁はあっさり「上告棄却」の決定。

結局、上原さんに四千五百万円の賠償金と毎日四千二百七十円の金利が、のし掛かっている。

住民自治を主張し、景観を守った市民派市長が、儲け主義の会社とそれを支持する最高裁からいじめられる。これでは知事や市長は、基地建設や原発再稼動に反対できないことになる。

先週末、国立市で、カンパを集めよう!集会が開かれた。

米日共謀の罪

国民の良識など鼻先で笑っているような、最近の安倍政権のゴーマン、ますます強まっている。

戦争は憲法に違反。だから「衝突」と言い換えて派兵する、防衛相の不安そうな表情に、怒りよりも、むしろ痛々しさを感じさせられる。

南スーダンに送られた自衛隊員が心配だ。戦争放棄の憲法下で、不幸にしてはじめての戦死者がでたとしたら、「衝突死」としてあつかうのだろうか。

2017

2月21日

安倍首相のいう、「犯罪集団」と「一般集団」とのちがいはなにか。いまでも、平和団体のメンバーが、ピケを張って逮捕されたりしたら、事務所は捜索され、「犯罪集団」あつかいされているのだ。

「幸徳が此《こ》の事件に関係のない筈《はず》がないと断定した、松室（検事）総長も幸徳を共犯と認定する意見でありましたから、証拠は薄弱ではありましたが、幸徳も同時に起訴するやうになったのであります」（平沼騏一郎『回想録』）。

これだけで十二人を処刑した。明治末期、大逆事件の根拠だ。

「世界一安全、安心な国」が安倍首相のうたい文句だ。秘密保護法、改定盗聴法、さらに「五輪テロ」で脅かしての共謀罪。これから、国内では言論、集会の自由が制約されよう。

国外では「仮想敵」の恐怖を煽《あお》り立て、イージス艦、ミサイル、オスプレイ、ステルス戦闘機Ｆ35など、米国から超高額兵器を一括購入。

安倍首相はトランプ大統領に、割引してもらってありがとう、といって、ホクホク顔で帰国した。

縛られた沖縄

2017

沖縄名護市の海にオスプレイが墜落しても、「着水だ」といい張る。東村高江のオスプレイパッドは未完成だったが、「完成した」といいつくろって、駐日米大使を招き、完成祝賀式典を終了させた。

「福島原発はアンダーコントロール」以来の嘘《うそ》も方便。二枚舌、「偽《フェイク》ニュース」を流す政治手法は、安倍政権ばかりか、トランプ米大統領でも臆面もなく使われ、「ポスト真実」は流行語となった。

2月28日

高江ではいま、こそこそと未完成工事の修復がなされているのだが、この危険粗製工事に抗議して逮捕された、沖縄平和運動センターの山城博治議長は、四カ月たってもまだ釈放されていない。

容疑は傷害と威力業務妨害などだが、工事車両の進入にピケを張ったり、ブロックを積んで、基地建設に反対する抗議行動で、重大犯罪ではない。それでも百三十日にもわたる長期勾留は、不当な束縛で、憲法一八条「何人も、いかなる奴隷的拘束も受けない」に違反しよう（なお、自民党の「改憲案」では、この項が削除されているから恐ろしい）。

起訴後もリーダーを長期間、拘置所に幽閉するのは、運動の弱体化を狙った政治弾圧である。いま、この「政治犯救済」運動は、世界的に注目されている。

那覇地裁前では、山城さんの兄夫妻と妻の多喜子さんが、釈放を求めて、朝から夕方までスタンディングをつづけて涙ぐましい。

三月十七日、初公判。地裁前は賑《にぎ》わうだろう。

誰との「連合」か

2017

労働組合の最大組織である「連合」は、六百八十万人を抱える大組織だ。が、一体、どこと連合しているのだろうか。

二十八年前の結成当時は、八百万人を数えていたが、年々歳々減るばかり。いまは労働者全体の組織率は、17%に低迷。労組加入者は五人に一人もいない。それも四人に一人が非正規労働者。「先進国」を免除してもらいたいほどの、ひどい無権利状態。

3月7日

だから、労組に入っていても、組合費を取られるばかり、と若者たちは加入したがらない。

　まして、自公政府は、会社が気にくわない社員を勝手に解雇し、裁判所が「解雇無効」と判示しても、カネを払えば済む「解決金制度」を盛んに導入しようとしている。

　結社の自由、団結権を保障している憲法とＩＬＯ条約は風前のともしび。労組もなめられたものだ。

　民進党の蓮舫代表は、十二日の党大会で「二〇三〇年、原発稼動ゼロ」を決めようとしていた。それに電力、電機などの連合内大組織が猛反発、ついにその方針を削除させた。

　嗚呼《ああ》、労組は誰の味方なのか。連合はだれとの連合なのか。国民の過半数以上は脱原発を願い、その期待はますます広がっている。それを拒絶するのは、自分の首を絞める行為でもある。

　自然エネルギーが新産業として発展してきた。原発から脱却する方針を出さないと、会社は東芝の二の舞いになるぞ。労組よ未来を見よ。目を覚ませ。

森友学園

2017

首相夫人は、水戸黄門の助さん格さんのような、政府職員を介助役に全国を漫遊。講演先の幼稚園では子どもたちに、「安倍首相ガンバレ！安保法制国会通過よかったです」と叫ばせていた。まるで独裁国家のミニチュア版。

経営者は安倍内閣を支える日本会議幹部の一員。政治家を使って国有地を格安で払い下げさせたのが露見して、「安倍晋三記念小学校」の存在が明らかになった。

3月14日

さすがに「安倍」の冠は外されたが、名誉校長の安倍夫人はホームページで、「優れた道徳教育を基として、日本人としての誇りを持つ、芯の通った子どもを育てます」と生徒募集の広告塔を務めていた。

それでも首相は「妻は私人」と言い張る。教育勅語教育に感激して感謝状を贈った稲田朋美防衛大臣の夫は、この幼稚園の顧問弁護士。こっちも「夫は私人」と言い抜ける。

責任を妻や夫に押しつけるのは、追い詰められた政治家の常套《じょうとう》手段だ。世論の追及によって、小学校の認可申請は取り下げられた。が、問題は政治家を利用した経営者の去就ではなく、教育を支配しようとする政治の動きだ。

戦後、国家に従属しない教育を目指したのが、教育基本法だった。憲法を支える教育理念を破壊したのが第一次安倍政権。いま国のために死ね教育勅語を、復活させようとしている。

腐敗の土壌のうえに建設された、「安倍記念小学校」の崩壊は、なにか象徴的だ。

弾圧の共謀

2017

昨年十二月十三日以来、この欄で月1回ずつ、沖縄基地反対運動のリーダー・山城博治さんの勾留について書いてきた。他に書くべきことがなかったからではない。納得いかなかったからだ。幸いなことに先週土曜日、五カ月ぶりに保釈された。容疑は器物損壊、公務執行妨害、傷害、威力業務妨害などと物々しいが、オスプレイ着陸帯の工事強行に抗議して、ペンチで有刺鉄線を一本切ったぐらいのものだ。

3月21日

勾留期間の五カ月間、弁護団の保釈請求にたいして、最高裁は二度まで特別抗告を棄却。微罪なのに不当に長い未決拘禁だから、「憲法違反の政治弾圧」として世論が広がり、世界的な話題になった。

この不条理劇の背景には、二十一年前のＳＡＣＯ（日米特別行動委員会）合意がある。

米軍基地の再編強化に伴い、昨年十二月、ケネディ米駐日大使（当時）が沖縄を訪問してのヘリパッド完成の式典。その日程にむけ、防衛省も警察庁も、なり振り構わないほど建設を焦っていた。

ましてこれから、沖縄県民ぐるみで反対している、辺野古への新米軍基地建設が控えている。

保釈条件は、事件関係者との面会禁止と保釈金七百万円。リーダーを長期間強制隔離して、運動つぶしを狙い、保釈したあとの行動を制限する。「前門のアベ、後門のトランプ」。日米共謀の弾圧政治だ。山城博治はわたしだ。

首相の約束

2017

「私も妻も関係していたということになれば総理大臣も国会議員もやめる」と「ハッキリ」（安倍首相自身の表現）いった。

なんと潔いのだろう。森友問題である。

ところが、肝心の昭恵夫人が国会で証言することについて、自民党を挙げて防戦している。やましいところがないのなら、昭恵夫人も偽証罪にひるむことなく、堂々と証人喚問に出席すべきだ。これが常識の世論である。

3月28日

でなければ、籠池泰典氏が海外特派員協会での記者会見で、「ちょっとでもうそをついたら偽証罪で留置場に入れるぞ、という脅し。総理を侮辱しただけで私人を国会で喚問する。どこの国にあるのか」と憤然抗議していることに説得性が増す。市民なら引き立てられ、首相夫人ならおとがめなしか。韓国では大統領でさえ解任、起訴された。

国会中継を見ていた。証人の籠池氏にたいして追及する側の威嚇、侮辱の激しさは、日本会議の裏切り者への見せしめのようだった。

下地幹郎議員などは、「せっかくハシゴをかけてやったのに勝手に落ちた」と松井一郎大阪府知事の政治工作を無駄にした拙《つたな》さをなじった。「百万円受けとった記憶はない」などと夫に代弁させず、昭恵氏自身が国会で堂々と証言すればいいのだ。

弱きを挫《くじ》き、強きを助ける。強きは擦り寄り、弱きは踏みつぶす。不利になれば切り捨てる。アベ政治の精髄がみえた。

国家の共謀

2017

この国はガス室こそ造らなかったが、ハンセン病患者にたいして、強制収容、強制隔離、強制労働、堕胎、断種手術を施した。不平をいうものは、「懲戒検束権」によって、所内の「重監房」に監禁した。

氷点下二〇度、薄い煎餅布団は、床に凍り付いて剥がれなかった。この部屋で、二十三人が死亡した、という。

群馬県草津の栗生《くりう》楽泉園に遺された重監房を見学した。元患者運動の中心

4月4日

だった谺《こだま》雄二さんが、署名を集めて復元させ、完成を確かめて他界した。たまたまわたしもその日、楽泉園にいて、最後のあいさつをすることができた。〈病むならば／豪壮に病もう。根かぎり／生命の火をかきたて／その火で苦痛を燃やせ。〉

谺雄二さんは詩人だった。不屈の死に顔だった。八十二歳の闘いの精神は、遺稿集『死ぬふりだけでやめとけや』に遺された。詩にはハンセン病を引き受けて生きる心意気が、ときにはユーモアとなって表現されている。

と、いま書いているのは、大塚正之監督の映画、『谺雄二　ハンセン病とともに生きる』を紹介したかったからだ。

わたしたちは「らい予防法」に無関心すぎた。多数を安心させるための法律が、どれほど少数者を苦しめたか。罪は安心の享受者にもある。

ようやく最高裁と最高検は隔離法廷を設置していたことを認め、謝罪した。しかし、隔離法廷でハンセン病冤罪《えんざい》者を死刑にした、「菊池事件」の再審は拒否している。これも国家の犯罪なのだ。

悲劇の東芝

2017

『東芝の悲劇』は、電源開発ブームが一段落したため、急速に業績が悪化、社長交代劇を描いた、経済評論家・三鬼陽之助のドキュメントである。

石坂泰三、土光敏夫ら経団連会長として有名な経営者たちが登場する、五十二年前の話だが、この頃すでに、電力への過度の依存と米国ゼネラル・エレクトリック（GE）への技術依存が深かった。

いまは病膏肓《こうこう》に入るというべきか、悲劇は社内に留まらず、存在自体にか

4月11日

かわる破綻の様相である。

東芝の銀行からの借入金は、昨年末で一兆七百億円。経営破綻した、米原発子会社ウェスチングハウス（WH）社の債務処理費などに充てる資金だが、これからなお、一兆円の資金が必要とされている（本紙、四月五日）。

虎の子の半導体メモリー事業を売却して、その資金を調達する方針だが、すでに東京証券取引所は、上場廃止につながる監理銘柄に指定している。

「原子力ルネサンス」「原子力立国」などと、経産省が吹いた笛に踊らされて官民一体、がむしゃらに利益を追求しようとした結末である。

三菱重工が提携しているアレバ（仏）も事実上破綻、GEと提携する日立製作所も、原発推進ではやっていけない。

安倍内閣は日印原子力協定で、原発を輸出に振りむけようとしているが、海外の住民に迷惑をかけるだけだ。

自然エネルギー転換に後れをとるのは、無責任の極みだ。

怒れる老人たち

2017

先週末、大阪扇町公園「戦争をさせない関西大行動」集会のあと、パレードの終点は、大阪駅近くの西梅田公園だった。

行進してきた人たちの笑顔を眺めていて、わたしは若い人たちが多いのを不思議に思っていた。

「若いですね」と思わず、隣にいた平和フォーラムの藤本泰弘さんに声をかけた。二十代、三十代の若者が多く、新鮮な感じにとらわれていたのだ。

4月18日

「組合員ですからね」と、彼は当たり前といった表情である。

主催したのは、「戦争をさせない1000人委員会」なのだが、参加者に日教組の教員や自治労の地方公務員など、安倍首相や橋下元大阪市長らに嫌悪されている組合員が多かった。それと中小企業の労働者である。

東京での、代々木公園や日比谷野外音楽堂、国会前の集会は、平日の夜が多くても、労組員よりもはるかに高齢者のほうが多い。「怒れる老人たち」とわたしがひそかに思う、六十代後半から八十代までの昔の若者たちである。

戦争につながる安倍政権政治に抵抗する大衆運動を担っている人たちは、実はかつて労組の組合員として集会に参加したり、機関紙誌を読んで学習、あるいは学生運動に参加して、政治批判の視点を身につけてきた。

労働運動と学生運動の停滞と断絶が、現在の暴政を許してきた。これらの運動が再興されるまで、「反逆老人たち」で担おう。

テロとミサイル

2017

まるでいますぐにでも、北朝鮮から日本にミサイルが飛んできそうな議論が盛んだ。ミサイルが発射されたら、「ただちに発信する」と二十三日のＮＨＫ日曜討論で、自民党の茂木敏充政調会長が説明した。「防災訓練」とか「シェルター」の言葉も出た。

米海軍の原子力空母カール・ビンソンが、波を蹴立てて朝鮮半島に急行、海上自衛隊のミサイル防衛のイージス艦も合流、共同訓練をはじめる。

4月25日

ところが、さしもの北朝鮮も、日本にミサイルを打ち込むとはいってはいない。

茂木氏は在韓邦人六万人以上を救済しなくては、と集団的自衛権行使を暗に示唆している。弾頭にはサリンが装着されていると安倍首相。軍備増強が目的か。政府はにわかに危機意識をあおっている。

菅官房長官は記者会見で、ミサイル攻撃にたいして「地面に伏せる」など避難法を発表した。トランプ米大統領の「あらゆる選択肢がテーブルの上にある」と戦争のカードまで示したことに反応したのだろうか。

国会周辺デモも、委員長席に詰め寄る野党議員もテロ、と自民党議員たちが言い募る。

「テロ」でまぶされた、民主主義抑圧の「共謀罪」が、自公の共謀によって、採決が強行されようとしている。

声高なミサイルとテロの不安よりも、原発事故の方がはるかに怖い。

「地面に伏せる」ていどで、被ばくの被害は防げないからだ。

歯止めなき防護

2017

北朝鮮がミサイルを発射したとの情報で、東京メトロが運行停止。このニュースの方が驚きだった。過剰反応というべき流儀、次から各社に押しつけられることにならないか、それが心配だ。

地震、雷、火事。古典的な「怖いもの」に、最近はテロとミサイルが加わった。警戒するに越したことはない。

しかし、今回、北朝鮮のミサイルが日本を狙った、と誰がいったのだろう

5月2日

か。トランプ米大統領でさえ、「不成功」と実験の失敗あつかいで、自国への攻撃だったとは捉えていない。

核とミサイルにこだわる、北朝鮮の戦力誇示は困ったものだが、戦争の危機感を煽《あお》っているのは、むしろ日米政府である。米空母を朝鮮半島近くまで派遣、日本の空母型護衛艦は、米補給艦の護衛に就いた。

昨年暮れ、閣議決定した「武器等防護」運用指針による、稲田朋美防衛大臣の命令である。

武器等防護という名目で、他国軍の防衛のための「限定的な必要最小限度の武器使用」を認めている。武器の使用は「武力の行使」ではない、とするいつもの言い換えである。

とにかく戦争の危機を高めないでほしい。「積極的平和主義」とは、安倍首相のいうように、戦力強化によってもたらされるものではない。

トランプ大統領に追随するだけでなく、お得意の「断固」「万全」の構えで、日本破滅の戦争はさせない、友情ある説得をしてほしい。

日本をもどさない

2017

「日本を取り戻す」。安倍首相得意のスローガンだが、どこから、なにを取り戻すかはわからない。

それでも、いまの日本のように先行き不透明、不安感が広がっている社会では、意味不明な言語でも、なんとなく頼りがいを感じる人もいるようだ。

「二〇二〇年を、新しい憲法が施行される年にしたい」

と、こんどは、いよいよ戦争のできる国へ改憲のご託宣。まだなにも議論

5月9日

されず、それも「高等教育の無償化」を餌《えさ》に、奨学金ローンに苦しむ学生たちを、改憲に引き込もうとする阿漕《あこぎ》さ、バカにされてはいけない。

世界最強の米政府の極秘監視システムを、たった一人の勇気で暴露した、元CIA職員、エド・スノーデンは、日本の秘密保護法をデザインしたのは米国だ、という。

「これは国家安全保障に関するから」「反テロ活動だから」とされた秘密が、民主主義の仕組みを次第に破壊する、と独占インタビュー全記録『スノーデン、監視社会の恐怖を語る』（毎日新聞出版）で強調している。

なにが共謀と認定されるかわからない「共謀罪」を、今国会で採決したい安倍首相は、「一般人には関係ありません」と猫なで声。

「隠すことがないなら恐れることはないだろう」とは、かつてのナチスのプロパガンダ。

軍隊や政府の悪口をいった一般人が、憲兵や特高に捕まった時代が、いま取り戻されようとしている。

家族の惨事

2017

今週末の二日間、岡山でハンセン病市民学会の大会が開かれ、熊本地裁に提訴されている、「ハンセン病家族訴訟」の支援が大きなテーマになる。

恐るべき伝染力、執拗《しつよう》な遺伝性、不治の業病《ごうびょう》として、ハンセン病が世間から恐怖されていたのは、政府が警察を使って強制収容。隔離し、死ぬまで解放しなかったからだ。が、実際には、伝染力は弱く、遺伝性はなかった。

「世にライ家族程、秘密を保ちつづけて、苦しみ、悩むものはない」と書いたのは、林力原告団長（九二）の父親・山中捨五郎さんである（『父からの手紙』）。

二十年ほど前、林さんが勤めていた北九州の大学へ講演に呼ばれてその本を頂き、初めてハンセン病家族にたいする国の責任を知った。

ハンセン病患者は、家族に迷惑をかけないために偽名を使うのだが、山中捨五郎（なんと悲惨な名前だろうか）さんは、家族の被害を「惨事」と書いていた。

発見された患者は、犯罪者のように警察に引き立てられ、家は消毒され、村八分に遭った。林さん自身、長い間、父親のことを隠しつづけていた。

しかし、部落解放運動のなかで、自分の出自を宣言する人たちに出会って、『「癩者《らいしゃ》」の息子として』を上梓《じょうし》した。勇気の要る行動だった。

人間が他人のいのちをも、自分とおなじように大事に思う。差別をなくすために、国もハンセン病家族の訴えを率直に認めてほしい。

5月16日

2017

妊婦体験

「妊婦体験をしながら世界一周の旅」と題する文章が、ピースボートの「旅と平和」エッセイ大賞に入選した。賞金代わりに、ピースボートの地球一周クルーズに招待するという催しで、今回が十二回目である。

北大医学部の学生、箱山昂汰さん（二三）が入選作の筆者で、「妊婦体験」とは、病院や保健所の両親学級などの場で利用されている、疑似体験だそう

5月23日

だが、わたしには耳新しい言葉だった。

これは十キロの重りを特製のジャケットに入れ、男たちの腹部に装着して歩いてもらったり、床にある小石をひろったり、横になってもらったり。それを世界の街でやってもらう、という大胆にして、奇想天外な旅である。

妊婦の苦労を男にも理解させ、「お母さんに優しい世界をつくる」というのが、母子保健を目指す箱山さんの目的である。

海外ではジャケットに水をいれ、移動するときには水を抜くのだそうだが、男が変な格好をするので「自爆テロ」とまちがわれる不安もある。

だが、とにかく一年三カ月をかけて、アジア、中東、アフリカなど四十三カ国をめぐり、千七十人にやってもらった。

「忙しい」「体の具合が悪い」「男がすることではない」と反応はさまざまだが、三人に一人が応じたという。

はしゃいだり、笑ったり、和気あいあいとした交流だったようだ。

バルト海上から

2017

北フランスのルアーブル港から、バスで北西に一時間ほど、パリュエル原発を見に行った。麦畑のなかにコンクリートむき出し、お椀《わん》を伏せたような加圧水型四基が並んであった。

電流を通した鉄条網で、道路から遮断されているが、農道のすぐ傍らを、住民の自家用車が自由に通り抜けている。

案内役の市民運動家ジェーニーの話では、そのうちの一基は運転停止、も

5月30日

う一基は、蒸気発生装置が倒壊して、二〇一五年から停止している。もう一カ所。四十キロほど離れたパンリー原発は、ドーバー海峡沿いの崖の下にあって、一部しか見えなかった。これも二基停止。

まわりには風力発電が立ち並んでいて、将来は海上に風力六十二基の大発電所がつくられ、いまの送電線を使う計画がある。

が、それにもジェーニーたちは反対している。核よりははるかにましな自然エネルギーとはいえ、大電力会社が中心ならさほど変わらない。市民レベルの運営が将来の夢である。

フランスはドイツやイタリアにくらべて、脱原発の運動はまだ弱いとはいえ、これから着実に広がっていきそうだ。

ピースボートで日本を離れている間、衆院で共謀罪が通過。参院でも採決強行がはかられようとしている。秘密保護法と共謀罪を凶器にして、政府を批判する多様な考え方の人間を、テロリストとして嗅ぎまわり、追いまわす灰色の国になったら、国際的に恥ずかしい。

幻想の街

2017

今年はロシア革命から百年。二十年ほど前、ベルリンで会った元東独の作家は、現代史のもっとも大きな事件が、一九一七年のロシア革命だといった。わたしは一九九一年のソ連崩壊だ、と反論した。

いまにして思えば、どちらもおなじことを主張していたのだった。

まだピースボートの旅半ばだが、サンクトペテルブルクで会った日露交流史研究家に、ロシア革命百年を記念する行事はなにかあるのですか、と聞く

6月6日

と、歴史研究者の会合があるくらい、いまだあつかい方が分からない、というような反応だった。

旧ソ連の支配下にあった、バルト三国のラトビアのリガ市、エストニアのタリン市には、その時代に猛威を振ったＫＧＢ（国家保安委員会）による、拘束と拷問の建物が博物館として保存されてある。

同時にナチスと戦ったソ連の戦勝記念碑、その一方でのソ連からの独立運動広場もある。

中世風の街並みに、支配する者と抵抗する者の、それぞれの歴史が刻まれているのだが、ひるがえって、政府の横暴ほしいまま、日本の無惨な現状が思い起こされた。

サンクトペテルブルクは、ロシア革命の街であり、ドストエフスキーの街でもある。『罪と罰』の主人公ラスコリニコフやソーニャの家を再訪するのが、旅の目的の一つだったが、彼が尋問された警察署の向かい側に、ゴーゴリの『鼻』の彫刻が飾られているのには驚かされた。

防空演習を嗤《わら》う

2017

この時期に、一ヵ月ほど日本を留守にしてしまって、気後れしている。帰ってきて、安倍政権が見境なく民主主義の衣装を脱ぎすて、ますます破れかぶれの醜態がよく見え、戦争前夜のようだ。

四月末、東京の地下鉄が、北朝鮮ミサイル実験に呼応して運行停止した。その過剰反応がわざとらしく嫌な感じだった。戦争を受け入れる訓練のはじまりのようだが、ついに防空演習もはじまった。

6月13日

サイレンの音を合図に机の下にもぐったり、手で頭を押さえて床にしゃがみ込んだり。四十年ほど前、アメリカのニュース映画で、核攻撃に備えるアメリカの子どもたちのおなじ姿を見たことがある。核爆弾に無知だったのだ。安倍政権は米軍や自衛隊基地のある地域で、北朝鮮の恐怖を子どもたちに染みこませている。戦時中の竹やり、防空頭巾、バケツリレーで、空襲を防げといったナンセンス。

原発立地点に一台ずつ、「地対空ミサイル」を配備しなくてはならない。原発のほうがはるかに無防備で危ないからだ。列島中に原発を配置し、大事故で膨大に発生した。避難民を路頭に迷わせた責任もとらずに、こんどは防空演習か。

戦争はしない、させない市民の努力が必要なのだ。

ミサイルやテロの恐怖で、市民の意識を支配。政府批判者は盗聴、尾行、盗撮。さらに御用新聞を使っての攻撃。すでにはじまっている。

平成の暗黒政治は終わりにさせよう。

斜陽内閣

2017

安倍内閣の支持率は、共同通信の世論調査で44%、朝日新聞41%、毎日新聞36%と急落している。加計問題で「納得できない」は、共同通信で73%、共謀罪については81%の人が「十分に説明していない」と批判している。

国会も終わって「あぁ、逃げ切った、そのうち忘れるさ」と安倍さんは高を括《くく》っているかもしれない。

しかし、森友学園開校で、「私と妻が関係あるなら、議員も首相も辞める」

6月20日

と大見得切ったあと、昭恵夫人の関係大ありが証明され、加計学園開校でも、四十年来の「腹心の友」(これまた大げさな)が優遇されたのはあきらかだ。

政局的には逃げ果《おお》せたにしても、人格的にはいかがなものか。「世界の中心・日本の偉大な首相」を任じているなら、もっと野党と大胆に闘論してほしい。

ところが国会では不機嫌な奇策奇襲を専らとし、あたかも夫婦と腹心番頭さんとが共謀、ゲリラ商法に徹しているように、すばしっこくて油断できない。

それでいて、人を見たらテロリストと思え、の悪法を強行採決。秘密法、安保関連法、共謀罪を備え、いよいよ憲法九条を改変、戦争参加の野望を隠さなくなった。

市民が民主主義、個人の尊厳を大事にしたいと願っているのに、内閣が片っ端から踏みにじっている。このままではいのちに関わる。もう我慢できない、の声が強まってきた。

嘆かない

2017

欠如しているもの。

率直、自省、反省、謙虚、謙譲、尊厳、公正、信義、信頼、尊敬、高潔、透明、潔癖、恥辱、自由、民主、公明、品性、知性、理性、配慮、思慮、礼節、平和、想像力。愛。

過剰なもの。

傲慢《ごうまん》、強引、多数、無知、無恥、無視、軽視、詭弁《きべん》、曲解、奇計、奇策、

6月27日

欺罔《ぎもう》、侮辱、侮蔑、饒舌《じょうぜつ》、罵倒、強引、意向、忖度《そんたく》、迎合、身内、腹心、虚言、巧言、秘密、共謀、独裁、戦争。無責任、印象操作。はしゃぎすぎ。

支持率は急速に低下している。が、番頭さんは、「一喜一憂すべきでない」「こんなもんでしょう」「問題ない」と歯牙にも掛けない強気で、自省はみられない。目的を遂げればそれでよし、自省なき政治手法である。

野党四党の臨時国会の召集要求を無視する。国会軽視は議会制民主主義の否定であり、憲法違反である。共謀罪を強行採決して勝ち誇った安倍内閣は、いよいよ憲法九条に「自衛隊保持」を書き込む、と広言している。

現憲法下における憲法否定は、憲法擁護義務違反だが、多数をたのんで「戦争放棄と戦力不保持」九条の平和条項に、「自衛隊」を突入させて、一挙に破壊するクーデタ的改憲。

かつて「旧満州（中国東北部）」侵攻を、日本人は生活向上のためとして支持した。敗戦がだまされていた現実をみせつけたはずだ。

いま必要なもの。だまされない、嘆かない、諦めない。この三つだ。

油断禁物

2017

ひとは自分の能力の範囲内でしか、他人を判断できない。有能な人を見くびってしまうのは、己の高慢さのせいであり、無能な人を買いかぶってしまうのは、自分の傲慢《ごうまん》さのためである。

そばに心置きなく話せる人が必要で、権力者なら諫《いさ》めてくれる部下が必要だ。

などと考えさせられるのは、この国の「一強」に伴う宮廷劇のような、腹

7月4日

心、側近、佞臣《ねいしん》、ゴマすり、御茶坊主、「チルドレン」が入れ代わり立ち代わり現れる政権の影を眺めているからだ。

「絶対的な権力は絶対的に腐敗する」の格言を思い起こす。

老人たちは、まるで時候のあいさつのように憂い顔で、「ひどくなりましたね」「ひどいもんですな」などと言い交わしている。不健康なことだ。

そもそも閣僚たちに「憲法をお読みになりましたか」と尋ねたいほど、勝手気ままに振る舞っている。かれらの主人の憲法嫌いと短慮狭量さの反映というべきか、異常な事態である。

選挙は終わった。この間、かれらの主人が街頭演説に立ったのはたった一回だけ。大衆の前で語るのを嫌う、「民主的政治家」の出現である。

「歴史的惨敗」のあと、内気な首相は「これからは謙虚にします」と語った。得てして権力者は、謝ったふりをしてその場を繕うようだ。

中国の小説家・魯迅は「水に落ちた犬は打て」といった。動物虐待のことではない、比喩である。油断禁物だ。

核武装の野望

2017

「ヒバクシャの受け入れ難い苦しみと損害に留意する」と前文で強調された「核兵器禁止条約」が、国連加盟国の三分の二にちかい、百二十二カ国の賛成を得て採択された。

核兵器は、これまですでに禁止条約として発効している、対人地雷やクラスター弾よりも、さらに残虐かつ非人道的な兵器である。わたしたち日本人がもっともよく知るところである。

7月11日

ところが、肝心の日本政府は、核保有国・米国などとともにこの条約に参加せず、交渉の冒頭に会場から退席している。ヒロシマ、ナガサキ二十万人のヒバクシャの苦しみを、足蹴《あしげ》にする政府とはなにか。

「核兵器国と非核兵器国との橋渡しをしたい」

というコウモリ的な言い訳は、非保有国の願いを裏切る行為である。その一方で北朝鮮の脅威をあおって、米国の「悪魔的な」核兵器保有を支持する。なぜか。一九五四年、米国視察から帰国した中曽根康弘議員などが、「原子兵器の理解とそれを使用する能力を持つために」といって、原子力予算を可決させたのは、よく知られている。

平和利用をうたって成立させた原子力基本法に、二〇一二年六月、「我が国の安全保障に資する」の文言を挿入させた。

自民党政権に核保有の野望があるからこそ、十四兆円もの赤字を無視して核再処理工場稼動にこだわり、核兵器禁止条約を拒否する。北朝鮮を批判できるのか。

アンドレ神父

2017

アンドレ・レノレ神父（八二）が、二年前に比べて足元が不確かになっていたのは病を得ていたからだ。パリに住む社会学者のフランソワ・サブレさんに、毎日のように電話をかけて、彼とわたしの訪問を心待ちにしていた。パリからTGV（新幹線）で三時間半のブルターニュ・ケンゴン駅。そこからさらにクルマで四十分ほど。プレスタン町の老人ホームで、アンドレさんは暮らしている。

7月25日

拙著『自動車絶望工場』の仏訳者というご縁で、四十年以上のお付き合いである。

彼は労働者と苦楽をともにする「労働司祭」で、川崎の工場で働いていたとき、高所からの転落事故にも遭っている。

二十五年前、離日前に書いた『出る杭《くい》は打たれる』は、ご自身の労働体験から日本の集団主義を批判して、過労死社会を見透かしていた。

再会した日、一緒にお昼を食べた。が、食事中に気分が悪くなって「弱くなりました」と嘆いて中座した。

それでも夕方、サブレさんとわたしを泊める信者のお宅まで案内してくれ、翌朝も迎えに来て、三十分ほど離れた、弟のミシェル家へいった。

ミシェルは仲間の五軒と太陽光エコロジー暮らし。大型冷蔵庫を共用、節電している。キャンピングカーの横っ腹に原発反対、自然エネルギーを、と大書して走り回ってきた。

フランス政府のユロ・エコロジー相も、二〇二五年までに十七基の原発を運転停止すると表明した。

嫌韓、嫌中、嫌沖

2017

韓国・釜山市の南西。麗水市はその名の通り海辺の風景の美しい街である。ほぼ四百年前、秀吉が朝鮮を侵略した「文禄・慶長の役」（壬辰倭乱）。水軍を率いて戦った李舜臣将軍の本拠地で、ここで亀甲船が建造された。

ピースボートで訪問して、はじめて「麗水・順天事件」を知った。日本の植民地から独立した三年後の一九四八年、米ソ対立から南北分断国家が成立した。それを認めない済州島の民衆が、一斉蜂起した（「四・三事件」）。

8月1日

麗水に駐屯していた国防警備隊が、鎮圧命令を拒否して反乱、同胞相食《は》む内戦となった（麗水・順天事件）。

虐殺された民衆は一万人。あとの「朝鮮戦争」につながった。

朝鮮半島の悲劇の遠因は、日本の植民地支配にあり、それが敗戦直後の米ソの介入を許した。韓国は米軍支配のもとで軍事国家とされ、いまようやくまた民主化の時代を迎えた。その一方で北朝鮮の孤立が深まっている。

日本は四百年にもわたって、甚大な被害を与えてなお、嫌韓をいう。この妄言が恥ずかしい。中国経済がくしゃみしたら風邪をひくくせして、嫌中。罰当たりだ。さらにこれまでも、いじめ尽くしているのに、嫌沖縄。

安倍政治の暴力性が、「土人」「シナ人」といった罵声を生みだした。弾圧に派遣された大阪府警警官の妄言だが、日本の教育が、加害の歴史をタブーにしているのは、国際的な恥辱だ。

「慰安婦」博物館

2017

韓国の釜山市に、日本軍「慰安婦」の博物館があると聞いて、ピースボートのスタッフとともに訪問した。

雑居ビル二階。「民族と女性歴史館」がそれで、旅行会社を経営していた金文淑《キムムンスク》館長（九〇）が、二〇〇四年に私財を投入して設立した。

「植民地の女性が軍需品として戦地に送られていた。人間あつかいされていなかった。その歴史を未来に伝えたい」

8月8日

お歳《とし》よりはるかに若く見える小柄な金さんが、流暢《りゅうちょう》な日本語で説明したので驚いていると、「わたしたちの国語は日本語でした。ハングルはあとで勉強しました」。

一九九一年八月十四日、金学順《キムハクスン》さんが、「慰安婦」だったと名乗りでて、韓国社会を驚愕《きょうがく》させた。歴史の記憶から抹殺されていた事実だった。（今月十三日に文京区民センターでメモリアル・デー集会がある）

金文淑さんは釜山市で、電話の告知を受ける運動をはじめた。いま展示室を飾っている金学順さんなど、「元慰安婦」たちの表情は、威厳に満ちて輝いている。

尊厳を奪われ、恥辱に満ちた体験を隠してきた女性たちは、名乗り出ることによって、人間としてのプライドを取りもどしたのだ。

金文淑さんらが、日本政府の不作為を認めさせた「関釜裁判」。一審勝訴から、来年で二十年。しかし、政府は、一昨年の「日韓合意」にもみられたように、賠償の責任を認めていない。

敗戦記念日に思う

2017

働き方改革から人づくり革命へ。「改革」と「革命」。過激語を振りまいて延命を図っている。

天下の悪法・共謀罪を強行採決して、一気に憲法改悪へ、と調子に乗った安倍政治にも秋の風。こけおどしの革命までもちだしたから、ますます眉唾になる。

自慢の「働き方改革」は、残業代ゼロ、過労死促進（高度プロフェッショナ

8月15日

ル）制度としての本質が理解され、批判がたかまっている。
妥協した連合幹部は、組合員から猛反発を食らった。

もう一方の「人づくり革命」は、教育勅語の亡霊まで引き出した政権と学校当局の一体化（森友、加計との癒着を見よ）をすすめ、ついに大学支配までを狙うようになった。

稲田前防衛大臣はあまりに恥ずべき無定見で、解職。後任の小野寺大臣には、戦争させない決意などまったくない。戦争を知らない世代の大臣たちには、安倍流戦争準備こそ「積極的平和主義」との、危険な思い上がりがある。

北朝鮮のミサイル発射準備に対抗して、防衛大臣は安保関連法をもちだして、他国への攻撃であっても迎撃する可能性がある、と迷言。安倍内閣はトランプ米大統領に追随せず、平和憲法の精神、対話をすすめてほしい。

「ノーモア・ヒバクシャ」の声を集めた「核兵器禁止条約」に背を向け、「ノーモア・フクシマ」の悲惨に学んで脱原発にむかう、聡明《そうめい》な海外の政府とくらべれば、日本政府は愚鈍、無反省の極みというべきか。

みかじめ料

2017

北朝鮮のミサイル発射実験にたいして、東京の地下鉄が止められた。それから仰々しい防空演習が実施されるようになった。戦中の防空演習など、気休めにもならなかったのは、敗戦に至る空襲本番を迎えても、なす術《すべ》もなかった歴史が証明している。

小野寺五典防衛大臣は、地対空誘導弾（ＰＡＣ３）配備を、集団的自衛権の準備行為として位置づけ、「存立危機事態」と拡大解釈。前のめりな米国との軍事的一体化が、憲法の枠を超えそうだ。

小野寺防衛大臣と河野太郎外務大臣が訪米したかと思うと、米国産イージス艦に搭載されている迎撃ミサイル（SM3）を、地上に配備する「イージス・アショア」を二基、計千六百億円を購入することを決めて帰ってきた。

各地で事故の不安をまき散らしているオスプレイを、これから十七機の購入（一機百八億円）もすでに決めている。

思えば海上警備隊（現海上自衛隊）発足にあたって、米軍お古の艦艇を貸し与えられて以来の、依存関係だ。

いまや日本は、トランプ大統領の「アメリカ第一」商法に従い、防衛力強化を慫慂《しょうよう》される、有望な顧客となった。

最近さかんな防空演習は、危機感を醸成させる、日米合同のショウのようにみえてくる。恐怖を与え、ヤミクモに防衛力増強に駆りたてるのは、「みかじめ料」を荒稼ぎする、暴力団用心棒の商法のようだ。

8月22日

悲劇の東海村

2017

先週の土曜日。「東海村で『原発NO!』を叫ぼう　人間の鎖行動」に参加した。薄曇りだったからやや助かったが、それでも原発周辺だから、木立の陰のない炎天下。さすがに気分が悪くなった。

東海第二原発は、来年で運転四十年目、ボロ原発だ。ところが、あと二十年間の操業をたくらんでいる。無謀というべき自殺行為、というか他殺行為だ。

8月29日

いまだ原発を「主力電源」と言い放つ、安倍内閣と取り巻き官僚たち、原子力規制委員会、日本原電は、事故が起きたとき、どんな責任をとるつもりか。

「ヒバクシャ」の悲惨を見捨てて「核兵器禁止条約」に背をむけた安倍内閣、「フクシマの悲劇」を繰り返さない、と決意したドイツなど原発脱却諸国の叡智《えいち》を、迷惑顔に再稼動を進める政府。

東海村は日本最初の原子炉が臨界に達した「原子力の村」であり、死者が出た最初の臨界事故が発生した村であり、最初に廃炉作業がはじまった村だ。最近では、ちかくの大洗町の研究所で放射性物質が飛散、労働者が被ばくする事故が発生した。

一九五〇年代末、マスコミで喧伝《けんでん》された、原子力栄光のトップランナーが、真っ先に転倒した悲劇の村（その二番手が青森県六ケ所村だ）である。

茨城県知事選挙は、現職がようやく「再稼動反対」を主張したが、自公政権の執拗《しつよう》な「多選阻止」を掲げた攻撃によって敗退した。

困難な道を歩め

2017

「断じて」「断固」「強い圧力」。北朝鮮の核実験にたいする安倍首相の談話だが、地団駄踏んで力む言い方は「狼《おおかみ》がきた」みたいで、マンネリだな。

本当に来ないためにはどうしたらいいのか。

「抑止力としての核装備を含め、主権国家として、自分の国は自分で守るとの毅然《きぜん》とした態度を取るべきだと思う」

核武装が「核装備」という優しい言い方になっているが、「毅然とした」

9月5日

と安倍好みの言葉を使われている。

昨日の本紙「発言」欄に、六十六歳、女性という方の投書があった。こんな意見が増えると、憲法改悪に拍車がかかって、「風が吹けば桶屋《おけ》が儲《もう》かる」式に、安倍首相の思惑通りになる。

核兵器禁止条約の時代に逆行する、北朝鮮の核実験は認められない。世界がようやく核軍縮にむかっているのだ。一発の核爆弾がどれほどの人びとを殺し、たくさんの悲劇を生むか。人類にとって二度と許される行為ではないのは、世界共通の認識である。

安倍首相のいう「強い圧力」とはなにを指すのか。孤立している国を危急存亡の瀬戸際まで追い詰めるのは愚策で、平和的解決をもたらさない。

かつて金大中韓国大統領は、「北風と太陽」の寓話《ぐうわ》に従って、太陽政策で平和にむかった。キューバ危機時のケネディとフルシチョフの英断もある。

首相も力んでばかりいないで、トランプさんと対立してでも、断固として、和平に挑戦してみたら如何《いかが》。

国策の犠牲者

2017

自宅のある駅のむこうに、国立ハンセン病療養所「多磨全生園」がある。ここに住んでいた国本衛さんとたまたま知り合って、行き来するようになった。在日朝鮮人であってハンセン病。二重に差別された苦難に、わたしたちは無関係ではない。

国本さんは九年前、八十一歳で亡くなったが、日曜日、おつれあいのいる全生園でひらかれた、「ハンセン病首都圏市民の会」の会合で、関西テレビ

9月12日

が七月に放映した「閉じ込められた命」を見ることができた。

主人公の黄光男《ファングアンナム》さんは、関西に住む在日、母親はハンセン病者として療養所に収容された。黄さんは施設に預けられて、九歳のときまで両親の存在を知らされなかった。

このドキュメンタリーでは、黄さん、父親、母親の想像に絶する「惨事」が描かれている。彼が本名を名乗って、テレビに顔をさらしたのは、ハンセン病家族訴訟で、なんとしてでも勝訴したいからだ。

沖縄の療養所で、中絶用の注射を二回もされてなお、この世に生を受けた奥平光子さんも登場する。国は伝染性が弱く、遺伝性もないハンセン病者を強制隔離し、断種、中絶を強制した。

それについては謝罪したが、家族に惨劇を与えた賠償ついては、責任をとらず切り捨てている。

国が「業病」としてその根絶を図ったのは、強い国家にしたかったからだ。いまなお差別に苦しむ家族は、その政策の犠牲者だ。

さようなら集会

2017

昨日の代々木公園。「さようなら原発　さようなら戦争」全国集会は、明るい雰囲気だった。

安倍内閣は北朝鮮ミサイルの恐怖を盛んにあおり、過剰な防空演習を指示していたのは、「火事場泥棒」的な衆院解散を狙っていたからだ。

この政府は、フクシマ事故で住民が大量に難民化しても、平然と原発を推し進め、二度目の事故で国民生活が完全に破綻する危険に眼をつむって、電力会社など、原発関連産業の刹那的な利益の誘導を図っている。

避難訓練を条件とする原発の再稼動など、全体主義国家の人権無視政策である。安倍首相の美辞麗句「美しい日本」が、大量の故郷喪失者を発生させている。

9月19日

原子力規制委員会は、東京電力柏崎・刈羽原発の運転適格性をありとしたが、最初から結論ありきの審査だ。いまに至るまで東電は、福島事故の責任を何ら取っていない。廃炉はできるのか、放射性廃棄物をどうするのか。

事故当時の原子力委員長だった近藤駿介氏は、「原子力に限らず、どんな技術にも負の側面はある」と、いまでも反省なき原発村の中心人物。

北朝鮮に対抗して核の持ち込みが主張され、小型核爆弾なら自衛の範囲、憲法に違反しないとの意見も出てきて、解散総選挙。

憲法九条に自衛隊を滑り込ませる居直り強盗、世界の良識に背く原発再稼動。会社天下、人権低国にさようならしなくちゃ。

2017

カネといのち

先週末、ふたつの裁判があった。東電原発被害訴訟の判決と電通過労自殺裁判の初公判。原発の安全神話をバラまいてきた政府と東電、それで大もうけした電通。おなじ紙面に掲載された。

「常習的犯行で、刑事責任は軽視できない」とは電通への検察論告。危険無視、利益最優先は電通ばかりか、原発会社特有の行動様式である。

国は原発を国策として、誘導政策をつぎつぎに打ちだして、現在ばかりか、

9月26日

遥《はる》か彼方《かなた》の未来にわたる重大な危険を招いている。

そればかりか、電力会社を使嗾《しそう》して核発電をさせ、核兵器に転用されるプルトニウムを備蓄している、と海外から疑われている。

福島事故のあと、地震大国での原発再稼動は無謀、と分かったはずだ。

使用済み燃料ひとつとってみても、解決策はなく、原発稼動は「人格権の否定」（福井地裁判決）として、人間と核との対立の認識が深まった。

ところが、先週末の千葉地裁判決は、原発避難者への賠償には一定の理解を示しながらも、「回避措置をとったとしても事故は回避できなかった可能性もあり」と国への責任追及を回避した。

原発事故は不可抗力だという。それだったら、健康、人命、仕事、ひとの繋《つな》がり、故郷、そのすべてを破壊する犯罪的行為は不可抗力。その責任を誰も取らなくてすむ。

人命よりカネ。それが裁判所の判断だ。無茶だ。

2017

怪奇な絵のような

「なぁーんだ」との失望の声が聞こえる。

希望の党党首の側近、若狭勝氏が「政権奪取を目指すのは、次の次（の衆院選）ぐらいの時」というのを聞いての嘆息である。

これでは現状維持であり、チェンジでもリセットでもない。世の中の安倍政権への嫌悪感は、秘密保護法、集団的自衛権の行使容認、共謀罪などを勝手に決めた民主主義的手続きの否定であり、ようやく臨時国会をひらいたが、

10月3日

冒頭解散、自分への疑惑を押し潰《つぶ》そうとする暴政によっている。

「安倍政権を終わらせる」として、民進党前原党首は解党、小池新党に合流したが、「候補者の全員受け入れ」の約束は反故《ほご》にされ、ハシゴを外された形となった。安保法制、憲法改悪反対者は排除。「希望の党」側の露骨な選別は、当初からの偽計だったのか。

まるでオランダの画家ブリューゲルの、大きな魚が小さな魚を飲み込む怪奇な絵を眺めているような、日本の政治状況だ。

それでも、政治に絶望するわけにはいかない。選挙のあと、自民、公明、希望の党、維新の党などによる、大政翼賛会風の国会になるかもしれない。

しかし、安倍政権を許さない、という野党共闘と市民運動が、安倍政権を追い詰めてきたことを忘れないでいよう。

「日本の政治、経済状況はもう少し悪くなるかもしれない。でも、もう一度復元力が働く」と、わたしは書いてきた。

戦争させない選挙

2017

「国の力で、相手をおどすようなことは、いっさいしないことにきめたのです。これを戦争の放棄というのです」

文部省が一九四七年八月に発行、全国の中学生へ副読本として無料配布した、『あたらしい憲法のはなし』の一節である。

「『放棄』とは『すててしまう』ということです。しかしみなさんは、けっして心ぼそく思うことはありません。日本は正しいことを、ほかの国よりさきに行ったのです。世の中に、正しいことぐらい強いものはありません」
戦争によって国を滅ぼした日本人の反省である。と同時に、もうけっして戦争はしないとの固い決意でもあって、国際的な平和主義の主張がすがすがしい。

わたしたちはこの平和憲法のもとで、侵略戦争はもとより、他国の戦争にも加担しない、という平和と自由と民主主義の七十年間を守りつづけてきた。だが安倍内閣が集団的自衛権を独断で容認し、憲法違反との批判の強い戦争法制、共謀罪も強行採決、戦争と不自由と独裁への歯止めが非民主的に決壊させられた。

そのあと「敵基地攻撃能力の保有」とか、核持ち込みの容認論まで出ている。原発再稼動とプルトニウム保持による、核武装の潜在能力維持論までできた。

日本国憲法の「さようなら戦争」の精神は、日本人の誇りである。「さようなら平和」には絶対しない。

10月17日

勝手にさせない

2017

真珠湾攻撃のような奇襲作戦だった今回の安倍衆院選挙、野党が分裂させられ、自民が過半数を占めたが、長期的には立憲民主党の躍進に時代の勢いがあらわれている。

日本立国の基盤である、平和憲法九条の精神を変え、自衛隊参戦の条件を整えたいのが、安倍首相の性急な欲望である。

これには与党の公明党ばかりか、自民党内にさえ慎重論が強まっている。

10月24日

これまでの安倍首相の、手段を選ばない暴政が、有権者に支持されたわけではない。頼りない野党へのあきたらなさが、変化を望まない有権者に自民党と書かせているだけだ。立憲民主党への期待の大きさは判官びいきというよりは、民主的で立ち位置のスッキリした政党が、待望されていた表れだ。

理性も知性も冷静さすら感じさせない権力者が、大衆に支持されているのは、ひとり日本ばかりではなく、米国をはじめとした世界的な傾向だ。

個人的な孤独感と無力感に負けず、消極的自由から積極的自由へと進まない限り、「自由からの逃走」となり、指導者への隷属になる、と指摘したのはナチスに追われて渡米したエーリッヒ・フロムである。

「空虚な殻になった個人主義」ともいう。

いのちよりも利益最優先の原発再稼動、北朝鮮のミサイルが降ってくるぞと軍事強化。脅して支配を強める政治はもうたくさんだ。

勝手なことはさせない、とにかく声を上げよう。

排除か連合か

2017

希望の党が急失速したのは、小池百合子代表の「排除」発言が引きがねになったのは事実で、驕慢《きょうまん》さの表れとして有権者から嫌悪されたようだ。

しかし、もしも彼女が男だったら、あるいは自民党幹部だったなら、これほどの批判を浴びなかった、かもしれない。

「武装難民射殺」発言や「ナチスの手口に学んだら」など、歴史にたいして傲慢《ごうまん》な麻生太郎副総理の極言は、野放しにされたままだからだ。

10月31日

意見がちがうものは排除、と言い切って、大連合の道を閉ざしたのは、小池都知事に安倍政治打倒の心意気などなかったからだ。

わたしは最近、にわかに喧伝《けんでん》されている、安倍首相の「改革」や「革命」の盗用に触発されて、ほぼ九十年前の福本イズムを重ねて考えている。

共産党幹部の福本和夫が提唱した理論は、運動のあらゆる分野で、理論的ちがいのあるものとは分離して結合せず、とする純粋主義だった。

のちの統一戦線論とは真逆の机上の空論だったが、いまに至るまで、社会運動に残した弊害は大きい。

選挙で自信を強めた安倍内閣の危険な改憲と戦争主義を押しとどめるためには、野党は排除ではなく、小異を尊重しつつ大同連合するしかない。

「戦争はさせない。平和を！」の声を、誰はばかることなく決然と主張したい。

十一月三日、午後二時から「安倍九条改憲NO！国会包囲アクション」がはじまります。

再処理工場

2017

沖縄・辺野古の海に大量の砕石が投げ込まれるニュースをみた。

この国は野蛮だと思う。県知事や県議会、市長、さらにほとんどの県民が反対しても、安倍政権は米軍基地建設をやめようとしない。

かたや本州北端の青森県六ケ所村。建設中の使用済み核燃料再処理工場は計画発表から三十三年たっても、試運転さえ成功していない。それでもまだやめるとはいわない。

11月7日

二万人の兵士を無謀な作戦の犠牲にしたインド攻略のインパール作戦や、将兵二七〇〇人以上を海の藻屑にした、戦艦大和の沖縄への勝算なき出航。無責任。メンツだけ重んじて、人命など一顧だにしない、日本帝国陸海隊の粗暴な体質が、そのまま遺《のこ》されている不安感がある。

「日本原燃に再処理事業をやらせていいのかということじゃないか」と原子力規制庁の片岡洋・新基準適合性審査チーム長代理にいわしめたほど、事業主の日本原燃の管理はいいかげんで、

「本当に約束したことを守れる組織であるかどうか、それがもう一つの課題」と、当事者である原燃副事業部長がいうほどだ（九月の審査会合議事録）。

完成予定は二十三回も延期され、建設費は当初見積もりの四倍の二兆九千億円。長大な配管の腐食が激しい。

原子力推進庁と揶揄《やゆ》されている規制庁でさえ、匙《さじ》を投げたようで、もしも稼動したなら、廃止費用をふくめてあと十四兆円以上はかかる。

もんじゅにつづけて、再処理工場も即刻廃炉にせよ。

記録者魂

2017

日曜日。福岡市の西南学院大学で「林えいだいさんお別れの会」があった。

林さんとのつきあいは、彼が六八年に自費出版した、新日鉄など北九州工業地帯の公害を告発した写真集『これが公害だ』の直後からで、四十七、八年になっていた。

北九州市は八幡、戸畑、小倉など、海岸に進出した大企業の城下町の寄り合い。その市役所職員だった林さんが、敢然と行政と大企業に歯向かった。

11月14日

彼の記録作家としての執念は、西嶋真司監督の記録映画『抗《あらが》い』に活写されている。

焔《ほのお》炎々《えんえん》　波濤《はとう》を焦がし
煙濛々《もうもう》　天に漲《みなぎ》る
天下の壮観　わが製鉄所

八幡市の市歌だが、溶鉱炉や製鋼工場は情け容赦もなく、濛々と煙を吐き散らし、「壮観」のもとで、子どもたちはぜんそくに苦しんでいた。子どもたちが描く空も海も、真っ黒だった。

林さんは八幡の公害告発から出発して、筑豊や軍艦島の朝鮮人鉱夫や日本の植民地だった台湾先住民の蜂起事件（霧社事件）、特攻隊生存者の聞書きなどを書きつづけ、九月に他界した。八十三歳だった。その半年前、田川市の自宅を訪問したとき、彼はあと十冊書きたいと真顔だった。

九州から、上野英信、森崎和江、石牟礼道子、松下竜一、川原一之、岡本達明など、記録作家が輩出したのは、鉄鋼、炭鉱など明治期以来、資本主義の歴史の闇が深かったからだ。この記録の火種を遺《のこ》したい。

F事件

2017

「何人も、裁判所において裁判を受ける権利を奪われない」（日本国憲法）

裁判は公開が当たり前だが、現憲法下でも公開されない「特別法廷」があった。ハンセン病への極度の恐怖から、病者を強制収容した療養所内で裁判が行われていた。

最高裁は昨年四月、「特別法廷の設置は違法だった」とハンセン病歴者と家族に謝罪した。つづけて、最高検も謝罪した。しかし、この違法な法廷が、

11月21日

無実の死刑囚を生みだし、処刑したことは認めていない。

一九六二年九月、福岡拘置所で処刑された「F」事件のことだが、地名から「菊池事件」とも呼ばれている。

疑いをかけたFさんを追い詰め、拳銃で狙撃し、撃ち倒してから逮捕したのは、病気を恐れ、取っ組み合いをしたくなかったからだ。証拠もなかった。

本名をだせないのは、遺族がいるからで、ハンセン病者と処刑者、二重の差別の重圧のもとで、遺族は再審請求人にはならずにいる。

弁護団は検事の権限で再審開始するよう要請していたが却下された。

事件があった菊池恵楓《ふう》園（熊本県）の入所者自治会役員などが「再審請求しないのは検察官の権限不行使」、違法として国賠請求。二十七日、熊本地裁で第一回口頭弁論。

無実なのに死刑にされた。それでも遺族は裁判に立てない。この現実がハンセン病にたいする差別の酷《ひど》さを示している。

廃炉産業

本気なのか、と目を疑ったのが、日本原子力発電（原電）東海第二原発の運転延長申請である。運転開始から来年で四十年、廃炉の年限が来ているのに、さらに二十年も運転するという。

茨城県にある東海原発は、首都圏にもっともちかいポンコツ原発である。三十キロ圏内には、十四市町村九十六万人が暮らしている。事故が発生したとき、およそ百万人の人間がどこへ逃げるのか。

2017

11月28日

まともな神経があるなら、踏みこめない恐怖の再稼動である。

フクシマでは、避難の逃避行で多くの入院患者が死亡した。故郷と生業を失って自殺者が出た。子どもたちに甲状腺がんがふえ、避難者の経済的困窮は深まり、地域の放射能汚染は消えず、汚染水は止まらない。

安倍首相の「アンダーコントロール」発言は、真っ赤なウソだったことが、時間とともに証明されている。

それでも、再稼動の号令をかけている官邸は、原爆が落とされてもまだ聖戦をあおっていた、「大本営」の無責任さとおなじ頑迷さだ。原発敗戦をみとめ、復興にむかうべきだ。

一基五千億円以上と見込む廃炉作業で、地域経済を立て直せばいい。再稼動のための安全対策費千八百億円は、無駄な投資だ。廃炉費用にまわした方がはるかに経済効果が高い。

電力会社もち合いの原電は、「日本原子力廃電」として、安全な廃炉の技術確立に役立ってほしい。

泣き女

2017

一日、群馬県大泉町主催、人権集会。「被差別部落問題と冤罪《えんざい》・狭山事件について」。大泉町はブラジル人など四十八カ国の外国人労働者が居住する、国際的都市である。人権擁護条約を町独自に制定している。

二日、佐賀県唐津市。「さようなら玄海原発、再稼動反対集会」。九州電力は川内原発の二基につづいて、玄海原発まで運転しようとしている。会社の無謀主義を批判した。

12月5日

三日、高知市。「まもろう平和、なくそう原発集会」。晴れ渡って暑い。舞台の後ろを、路面電車がゴトゴト通っていく。歌や踊りのある明るい集会だった。国鉄分割・民営化に反対、解雇された北海道出身の中野勇人さんが、この地に根を下ろしていて再会。うれしかった。

四日、那覇市。「山城博治さんなど不当求刑糾弾集会」。沖縄県東村高江のオスプレイパッド建設反対運動で逮捕、五カ月勾留、起訴された山城さんたちの裁判支援集会。来年三月、判決があるとされ、緊張感強し。

五日、辺野古の新基地建設阻止、座り込みに参加。県知事、市長、ほとんどの県民が反対しても、建設工事を強行する首相は、どこの首相なのか。

若いころ、顔なじみの石油労働者から、「鎌田さんは泣き女ですね」と冗談っぽくいわれたことがある。

「サムサノナツハオロオロアルキ」と書きつけた宮沢賢治。「雨にも負けず」の精神はきらいではない。

沖縄の未来を壊すな

2017

「沖縄の海を壊すな」「沖縄の未来を壊すな」

鋭く割れた断面を見せる、大きな砕石を積み込んだダンプカー、ずんぐりしたコンクリートミキサー車などが、道端に立って抗議するわたしたちにのし掛かるように迫り、急カーブを切って、キャンプシュワブ内に殺到する。「違法工事に協力するな」。抗議の声が風にちぎれて、いつまでも運転台にからみつく。

12月12日

大型トラックを運転している沖縄同胞たちは、この怒りと悲痛な叫びを耳にしてどう思うのだろう、とわたしはいつもハラハラさせられる。

辺野古の海岸にたつと、すぐそばのフェンスのむこうに、背の高いクレーンが先ほどのダンプの降ろした砕石を持ち上げ、非情にも海に落下させるのが見える。その海の悲鳴のような音が、風に乗って流れてくる。

那覇から連日のように駆けつけてくる女性たちがいる。

「今日は二百六十台はいりました」と、座り込みで逮捕されたことのある、上間《うえま》芳子さん（七二）が教えてくれた。市民団体が出すバスの代金でも、往復千円はかかる。年金生活者にとっては、けっして軽くない負担だ。

ジュゴンの海をつぶして米軍新基地をつくる。米国ではけっしてやらない野蛮な工事だ。

この阻止行動の先頭で逮捕された山城博治さんたちの裁判支援集会が、十二日午後五時から、山城さんを迎えて、参院議員会館講堂でひらかれます。

見捨てない

2017

東京の西方、ＪＲ国立駅から真っすぐに南にむかう大通りは、両側の桜並木に彩られて、学園都市らしい落ち着いた風情を醸しだしている。

この景観が維持されているのは、市長と市民がマンション業者や最高裁判事たちの公共性無視の横暴と闘ってきたからだ。

先週土曜日、国立市で「私も上原公子《ひろこ》・祝完全弁済集会」がひらかれた。「上原公子」は元市長の名前である。彼女は市の名物ともいえる美しい並木

12月19日

通りに、景観をぶちこわす高層マンションが建設されようとするのを、市民運動をバックに、高さを制限する市条例を制定、阻止した。

このため、上原さんはマンション業者から「営業妨害」として告訴され紆《う》余《よ》曲折のすえ、四千五百五十六万二千九百二十六円（金利とも）が、損害賠償債務として降りかかってきた。

公共性よりも企業の利益を優先させ元市長への賠償請求を認めた最高裁決定などは、民主主義の否定であり最低決定だ。

しかし、市民たちは「私も上原公子」をスローガンに、自分の負債として引き受け、五千万円の大金を集めきった。

もしも、市民の先頭にたって、環境破壊を阻止しようとする政治家が制裁を受けても無関心ならば、たとえば沖縄のやんばるの森とジュゴンの海を守り、戦争の基地建設に身をていして闘っている、翁長雄志知事を見捨てることにも通じよう。

落日の原発

2017

安倍政権は認めたがらないが、今年は原発行政終わりの始まりの年だった。夢の、とうたわれた「高速増殖炉もんじゅ」がなんの成果も上げないまま、あえない最後となって一年。

こんどは福井県の大飯原発1、2号機が廃炉、いよいよ日本も廃炉時代を迎える。

福島事故の四基、さらに美浜二基、浜岡二基、敦賀、島根、玄海、伊方も

12月26日

一基ずつ廃炉となった。福島第二の四基の再稼動はとうていムリ。青森県の東北電一基、建設中の東電一基、電源開発の大間原発も見通しなし。

六カ所村の再処理工場は、計画から三十年、完成予定から二十年たっても試運転さえ成功しない、歴史的遺物だ。もんじゅの経費は一兆円だったが、再処理工場は、もしも、たとえ稼動できても、これから十四兆円以上を空費する。

おなじ敷地内にあるウラン濃縮工場、建設中のMOX工場も止まったまま。原発は黄昏《たそがれ》どころかつるべ落としの落日を告げ、時代は自然エネルギーへと急速にむかっている。先の衆院選でも、各党は恐る恐るとはいえ、「脱原発」を公約に掲げざるをえなくなった。

来年は首都圏を恐怖にさらす、ポンコツ東海原発の再稼動を止めたい。

原発ゼロにむかいながら、国際的な恥辱といえる「核兵器禁止条約」からの日本の脱落を糾《ただ》し、人類の愚劣さでもある、米国と北朝鮮の核戦争の脅しあいを止めさせたい。

2018

憲法番外地

2018

北アメリカ大西洋岸にほど近いワシントンDC。そこのホワイトハウスに住む暴君にとって、はるか西方、太平洋のはずれに浮かぶ弧状列島など、中国大陸に対峙《たいじ》する最前線の塹壕《ざんごう》でしかないのかもしれない。

列島南西端の沖縄本島は、七十年以上にわたって極東最大の米軍事基地であり、いま、本土から派遣された機動隊が、知事と県民の抵抗を排除して、あらたな「辺野古」巨大基地を建設しようとしている。

1月9日

そこからさらに南西へ三百キロ、宮古島では辺野古とおなじように、工事現場のゲートに駆け込むダンプカーにむかって、「基地建設工事に協力するな！」と声をからして叫びつづける人たちがいる。

おなじ島に住む人たち同士で、基地の建設工事にでる人とそれに抗議する人がいる。運転台の男は顔をそむけて通り抜ける。胸が痛くなる光景だ。

辺野古は米軍基地の建設だが、宮古島は西隣の石垣島とともに、自衛隊のミサイル基地にされようとしている。しかし、こんな小さな島にミサイルを並べ立てて、いったいどこの国と戦争をする気ですか、安倍首相。

リーフ内側の目の覚めるようなエメラルドグリーンの海に囲まれ、パイナップルやマンゴーをつくって、平和に暮らしてきた農民たちは、ミサイルを撃ち合う戦場にされるのを拒否している。

沖縄は平和憲法の番外地なのか。

歌声よ起これ！

「啞蟬坊《あぜんぼう》演歌とブラジル移民の歌」と題する歌とトークの会が、先週末にあった。ジャズドラマーの土取利行さんと「現代の吟遊詩人」とも評されている松田美緒さんとの掛け合いである。

コンサートに出かけるチャンスなどなかなかないのだが、昨年夏『軟骨的抵抗者　演歌の祖・添田啞蟬坊を語る』というタイトルの対談集をだしている土取さんの久しぶりの帰国なので、駆けつけた。

2018

1月16日

明治末期から大正にかけて、政治批判を民衆の哀感に染みこませてうたわれていた啞蝉坊の唄《うた》が、ブラジルへ移民を運んでいた笠戸丸の船内でうたわれ、さらにはジャングル開拓の生活のなかで、いくつかの替え歌となって変容、変節しながらうたわれつづけていた、という。

松田さんが、ブラジル的熱情をこめて、そのいくつかを披露した。ラッパ節や「籠《かご》の鳥」などで、庶民になじみ深く、親しみやすい七五調、七七調で浸透した。

かつて、労働運動や学生運動は歌声とともにあった。いま、ともにうたう歌は、なかば強制された君が代斉唱しかない。

いま啞蝉坊流の風刺、嘲笑、抵抗、抗議の歌は、ラジオやテレビから放逐された。しかし、短歌や俳句のリズム感に依拠した歌は、けっして滅びない。

これだけ庶民が権力からひどい目に遭わされている時代はない。

抵抗の歌よ、起《た》ちあがれ！

無関心の罪

2018

国の暴力の極限が侵略戦争だが、個人へ直接襲いかかる暴力として、罪なき人を罰する冤罪《えんざい》がある。

冤罪の被害者は家族をふくめてもごく少数だが、施設への収容と隔離を強制されたハンセン病の被害者は、けっして少なくない。

ハンセン病はかつて癩病《らいびょう》と呼ばれ、伝染性が強調された。国は「らい予防法」を制定し「無癩県運動」という、患者撲滅の浄化運動を全国的に実施し

1月23日

た。その被害の実態は、熊本の元患者など勇気をふるって立ち上がった違憲国賠訴訟のなかで、ようやく明らかにされ、わたしたちの知ることになった。

一昨年からハンセン病家族による、国の責任と謝罪、損害賠償を求める裁判が、熊本地裁ではじまった。三月の法廷から原告の証言がはじまる。

二十一日、裁判応援の集会が、東京・東村山市の多磨全生園で開かれ、弁護団の田村有規奈さん、『ハンセン病家族たちの物語』の著者・黒坂愛衣さんの講演があった。

「業病《ごうびょう》」といわれた患者の家族は身を隠して生き、声をあげる機会を奪われてきた。だから、まわりから応援する声が必要だ、と田村さん。

黒坂さんは「怖い病気」とする国の刷り込みが、世間ばかりか患者本人と家族の意識と行動までを支配した恐怖を語った。

排除した「社会」の側にわたしたちがいた。無関心は支持であり共犯である。

正義とコンピューター

2018

「おれは字を書けないから（脅迫状は）書けません」

と石川一雄さんは無実を主張してきた。

一九六三年五月、埼玉県狭山市で発生した女子高校生殺し「狭山事件」の重要証拠のひとつ、身代金を要求した脅迫状の筆跡が、石川さんのものとは「99・9%の識別精度で異なる」との報告書を、一月下旬、弁護団が東京高裁に提出した。

1月30日

東海大学情報理工学部の福江潔也教授が、コンピューターによる筆跡のズレ量（相違度）を鑑定した結果、同一人が書いた場合のズレ量の分布とほとんど重ならず、筆者は別人との結論となった。

これまでの筆跡鑑定は見た目で文字の特徴を比較する手法だったが、今回はコンピューターで筆跡を重ね合わせ、数量化されたデータで判定した。

かつて極貧の家庭に育ち、学校で学ぶ機会を奪われていた人は、けっして少なくなかった。字を書けない人が脅迫状を書こうなど、荒唐無稽のフィクションだ。

わざと稚拙な文字でカムフラージュした犯人に惑わされ、被差別部落に住む石川さんが逮捕されたのだが、実は石川さんは脅迫状どころか、自分の履歴書さえ書けなかったのだ。

警察も検事も裁判官も字を書けない人がいるのに無知で、まんまと犯人の作為に騙《だま》されてきた。最後はコンピューターが正義を判断するとは情けない。

司法よ、人間の心と知性で裁いて、冤罪《えんざい》をなくせ。

秋に備えて

2018

沖縄県名護市の市長選で、現職の稲嶺進氏が敗退した。残念ながら、自民党、公明党、維新の会による、寄ってたかっての、沖縄の未来と海への総攻撃を、防衛しきれなかった。

「国政選挙並みの総力戦」と報道とされたが、辺野古の海に、ジュゴンがやってくる北限の海に、米軍の新しい巨大基地を建設するために投入される、無残な砕石の轟《ごう》音が、あたかも勝ち誇ったかのような選挙結果だった。

2月6日

新市長は、これまでの「閉塞感《へいそく》」を批判し、安倍首相は「これからは落ち着いた政治を行ってもらいたい」と注文をつけた。これで市民の基地反対運動など消えてしまえ、との期待感を示す。

「あとは市長の公約を国としても責任もって応援する」とも語った。政策に抵抗すれば補助金を削り、屈服すれば増額する。露骨な支配とそれへの迎合、忖度《そんたく》と報償の関係をもっぱらとする政治手法が、安倍政治の特徴。これは基本的人権と平等を基本とする民主主義政治などではまったくない。

市長選挙は終わった。が、これで反対行動が弱まるわけではない。埋め立て工事の進捗《しんちょく》率は、まだ1%にも満たない。

安倍内閣の暴政にたいする翁長雄志県知事の抵抗は、県民に支えられている。秋に予定されている県知事選に備えて、東京に住むわたしたちになにができるのか。

沖縄の思いを受けて、その話し合いをはじめよう。

亡国の破憲破道

2018

　野に叫ぶリア王のように、髪振り乱して荒野を行くがごとき、田中正造の姿を最近よく想い起こす。たぶん、久しぶりに福島の浜通り被曝地を歩き、いまだ人影のない荒涼たる海岸線を眺めた、その残像がある。

鉱毒地谷中村へむかう途次に倒れた正造は、臨終の床で苦しそうな呼吸の合間に、こう語った。

「おれの病気問題は片づきましたが、どうもこの日本の打ち壊しというもの

2月13日

はヒドイもので、国が四つあっても五つあってもたりることではない」（島田宗三『田中正造翁余録』下巻）

自分の病気は決着がついた。が、国の破壊は留《とど》まること知らず、との慨嘆である。

山県有朋強権内閣のもと、鉱山王・古河市兵衛、その会社の副社長だった原敬、古河鉱山鉱長に天下った鉱山保安局長、政財官、闇のトライアングルは、明治、大正、昭和、平成、百五十年にわたる、この国の宿痾《しゅくあ》ともいえる。

鉱毒被害を政府に訴えようとした、住民の行進「押出し」は、警察と憲兵による大弾圧を受けた。衆議院議員だった正造は、「亡国に至るを知らざれば之れ即ち亡国の儀に付質問書」を提出して、議会で政府を激しく追及した。ほかにも「政府自ら多年憲法を破毀《はき》し先には毒を以てし今は官吏を以てし以て人民を殺傷せし儀に付質問書」など、毎日、徹底的に政府を糾弾した。

正造は行動の人だが、言論を尊ぶ思想家でもあった。

国策の責任

2018

「被害者が被告にされています」

福島原発事故「自主避難者」の嘆きである。山形県米沢市の雇用促進住宅に避難していた被災者八世帯が、独立行政法人から、立ち退きと家賃支払いを求める裁判に訴えられた。世の中まるであべこべだ。

「自主避難者」といえば、勝手に福島から逃げ出したニュアンスがまとわりついている。しかし、避難指示区域に入らなかったとはいえ、危険に変わり

2月20日

はない。とにかく縁故を頼って他県へ避難したのは、子どもへの影響甚大な被曝を怖《おそ》れてのことだ。住み慣れた故郷を捨てて、不案内な土地で暮らしたいと思う人はいない。

仕事を失い、夫婦親子が離ればなれになり、他郷で不便な生活をするようになったのは、本人の責任ではない、原発事故のせいである。

ところが事故から七年もたたないうちに、住宅補償は打ち切られ、裁判に訴えられる人たちがでている。

強制避難者も自主避難者もともに、原発事故の被害者である。これから避難指示区域は狭ばめられ「自主避難者」がふえる。水俣病の「認定患者」と「未認定患者」のような人間の線引きが、ますます強められようとしている。

被害者に冷たくして、加害者の負担を減らそうとするのは、人間を犠牲にして産業を発展させてきた政策の延長である。

原発避難者を最後の一人まで援助する法律が必要だ。原発推進の国策がまちがいだったのだ。

原発ゼロ法案

2018

九州電力は、真っ先に再稼動に突入した会社だが、今度は玄海原発3号機を再稼動させるため、二十三日、原子力規制委員会に、原子炉の試験的使用申請書を提出した。規制委員会が安全を保証しない、「許可委員会」というべき存在だからか、九電は四月下旬の営業運転再開を想定しているようだ。まだ福島事故から七年もたっていないのに、原発会社と政府はなにごともなかったかのように、再稼動に駆け込もうと虎視眈々《こしたんたん》。しかし、避難訓練つ

2月27日

きという、危険極まりない工場を、なぜ世論を無視して動かさなければならないのか。必然性はどこにもない。

避難訓練も、机の下に潜り込むミサイル防衛訓練のように、現実的には効果のない、形式的なものにすぎない。

わが故郷・青森県は核燃税として、本年度二百億円の税収を見込んでいる。六ケ所村の再処理工場は着工が一九九三年。二十五年たっても試運転さえ成功していない。

それでもそれ以来、計二千八百億円が入った（運転停止の東通原発分も含む）。「もんじゅ」もそうだったが、未来の破局にむかう、税金と電気料金の巨大な無駄遣いだ。

「原発マネーへの依存はもうやめよう」。それが故郷の未来にむけた心からのメッセージだ。

「原発ゼロ基本法制定」は、原発の根本的な解決のための保守、革新の立場を超えた、原発に永久にさようならを告げる、国民運動だ。

働き方改悪

2018

「第一の八時間は仕事のため、第二の八時間は休息のため、そして残りの八時間は、俺たちの好きなことをするために」

いまから百三十二年前、シカゴの労働者たちのスローガンだった。統一ストライキを実施、国際的なメーデーのはじまりになった。いまこの国で「残りの八時間」を楽しんでいる人たちは、どれほどのものだろうか。

死ぬまで働かせる、というのは、前近代的な奴隷制度や強制連行のことだ

3月6日

が、日本の大企業でも過労死や過労自殺の発生は、めずらしいものではなくなった。企業の恥であり、労働組合の存在理由を問われる悲劇である。

羊頭狗肉《ようとうくにく》というべきか、自由契約を思わせる「裁量労働制」の導入は、過労死家族からの涙ながらの訴えもあって延期となった。

「世界一企業が活躍しやすい国を目指す」安倍首相は、「高度プロフェッショナル制度」にはまだご執心のようだ。

「高度プロ」などとおだてて残業代を切り詰めようというのは、かつて挫折した、労働時間の規制免除を狙った、「ホワイトカラーエグゼンプション」の衣を換えただけ。

「人づくり革命」とか「働き方改革」とか、まるで安倍好み、維新の志士を髣髴《ほうふつ》とさせますが、それほど横文字がお好きなら、「ディーセント・ワーク」(人間らしい尊厳のある働き方)、「ワークライフバランス」を実現させたほうが、歴史に残ること請け合いです。

負の遺産

2018

七年たって、復興未《いま》だし。原発被災地は、未来を見通せるような状態にはない。3・11を前に宮城、福島をまわった。

両親を亡くした人の「忘れるようにしています」との言葉を聞いた。そういう人は多い。生きる知恵であろうか。

宮城県名取市閖上《ゆりあげ》地区。震災直後、ここの丘の上に立って眺めた光景は、宗教的ですらあった。

3月13日

いまは襲撃した波の高さとおなじ高さの慰霊碑がたち、ちかくの仙台市立荒浜小学校は、「震災遺構」になった。

八十四人の犠牲者をだした、石巻市立大川小学校も震災遺構。人びとの叫び声を凍結したような、津波の爪痕をこのまま遺《のこ》すか、取り壊すか。悩んでいる自治体は多い。

「原子力明るい未来のエネルギー」

かつて小学生の標語を入り口に掲げていた、福島県双葉町の商店街は、未だ帰還困難区域のまま荒廃がすすみ、住宅は倒れかかって、朽ち果てようとしている。住民ならずとも胸苦しくなる光景である。

広島の原爆ドームのような原発事故遺構は、福島の海岸に並び立っている。福島第一原発で六基、第二原発もふくめれば十基。これから廃炉時代を迎えれば、全国五十九基が「放射能遺構」となる。

原発運転が発生させる膨大な核廃棄物もまた、空論通りの再処理もできず、「負の遺産」となる。それでも再稼動を号令する。

人命と自然環境を無視する政権の罪は大きい。

原発ゼロ法案

2018

「私や妻が関係していたとなれば首相や国会議員も辞める」

言うや良し。それほどの決意なら、国会質問であれこれ言い逃れせず、率直に妻の証人喚問に応じて、疑惑を払拭《ふっしょく》させればいいのに。

改竄《かいざん》、抹殺ほしいまま。あってもないといい、なくてもあるという、森友国有地売却疑惑。国会中継を眺めて、怒り心頭。

安倍首相特有の大言壮語のもう一つ。記憶に生々しい原発事故の「アン

3月20日

ダー・コントロール」。未《いま》だメルトダウンした燃料棒は行方不明。放射性汚染水は一向に止まらない。避難指示区域は解除されず、解除された地域でさえ帰るひと少なく、故郷の山河は荒れ果てた。

十七日、福島県楢葉町の天神岬スポーツ公園。「原発のない福島を！県民大集会」で浪江町の避難者、三瓶《さんぺい》春江さんの訴えは、会場の涙を誘った。「一家離散して家庭の団欒《だんらん》はなく、わが家はネズミやサルやイノシシに蹂躙《じゅうりん》され立ち腐れたまま」

住民を泣かせてなお、安倍内閣は「原発は国のベースロード電源」と再稼動に猛進。「被害は軽微」といって戦争を続行した、軍人出身の東条内閣のような冷酷無惨《むざん》。

原発の恐怖と欺瞞《ぎまん》の社会から脱却するための、市民による「原発ゼロ・自然エネルギー基本法案」ができあがった。

二十一日午後一時、東京・代々木公園で開かれる「さようなら原発全国集会」会場で、披露される。

体当たり玉砕主義

2018

「サガワだ。サガワが最終責任者だ」

苦虫を噛《か》みつぶしたような不快な表情で、自分が取り立てた前国税庁長官を切り捨てた麻生太郎財務大臣。衆参の予算委員会でサガワ氏が証人喚問される。

サガワ氏がどのように窮地を逃れるのか。それとも公務員の一員として自分の良心のもとめに応じて、国会で真実を述べるのか。彼のおびえたような

3月27日

表情を見てきただけに、国会中継をみるのが胸苦しくなるほどだ。

国有地払い下げスキャンダルを証明した森友決裁文書から、安倍首相夫人や大物政治家が登場する、肝心な箇所を官僚に消去させたのは誰か。

国会での追及を改竄《かいざん》文書で欺き、「妻は関係ないといっている」と妻の証言に依拠して窮地を脱し、うかつにも広言してしまった「辞職」を回避したい、その首相の意向が強く影響しているのはあきらかだ。

国会で多数を占めた自民党には、議会での審議を尊重し、民主主義を拡大しようとする、良識的な議員による自浄作用はないのか。

森友問題の陰に隠れているのが、首相の「腹心の友」を優遇した加計学園問題。

この問題で「総理の意向」「行政がゆがめられた」と、勇気ある発言をした前川喜平前文部科学次官は、いまでもどこからか身辺を洗いだされている。両学園とも、安倍首相の右翼的教育方針の現実化である。

首相はこれを負の両翼としつつ、改憲に突入すると宣言。特攻隊の蛮勇である。

あきらめない

2018

自殺の犠牲者までだした森友疑惑。「刑事訴追される」を呪文のように唱えて、佐川宣寿前国税庁長官は、国会の場で疑惑解明を拒否しつづけた。

国有地のダンピング、公文書の改竄《かいざん》、そして国会軽視。ひと月前まで、公僕の頂点、官僚代表として高官の座にあった人物が、証言を拒否。幕引き役を演じて退場した。

証人喚問のテレビ中継を見て「民主主義の破壊だ」と国会周辺に駆けつけ

4月3日

た「憤激」の人びとのルポは、今週の「サンデー毎日」に書いた。これで終わらせてはならない、という気持ちからだ。

森友関係の公文書から、安倍昭恵夫人や大物政治家や「日本会議」の固有名詞が消されたのは、政権に不都合だからだ。

「腹心の友」などと大仰な尊称を与えていた、米国留学仲間、加計孝太郎氏に、獣医学部新設の権利を与えたのが、安倍首相得意の「国家戦略特区」。国家戦略が「総理のご意向」に左右され、「妻の名誉が」、国土交通省や財務省の「行政を歪める」（前川喜平氏）、そんな公私混同を民主主義政治といえますか。

首相がもっともこだわる戦略は、憲法九条に自衛隊をを紛れ込ませる憲法改竄。自民党内からも、「殿ご乱心？」との声があるようだが、自由も民主も公明もなき政権に、歯止めはあるのか。

九条改竄、集団的自衛権行使容認、同盟国アメリカの軍事行動への参加。もうまっぴらだ。安倍政治の犠牲者は。

自衛隊の秘密主義

2018

米海兵隊は「殴り込み部隊」として勇猛を誇る。沖縄での米兵犯罪は、戦場または戦闘訓練が海兵隊に与えた、精神的荒廃の表れである。

その海兵隊をマネして創設されたのが、自衛隊の水陸機動団だ。米国の要求を受けて閣議決定された、憲法違反の疑いの強い集団的自衛権行使のときには、真っ先に戦場に送られそうだ。

といっても、水陸機動団の目的は、沖縄南西諸島の「島嶼《とうしょ》防衛の推進」と

4月10日

いわれ、水陸両用車五十二両（一両七億四千万円）が配備される。

水陸両用車は、敵陣上陸する海兵隊員を従えて進軍する。では、南西諸島に水陸機動団が上陸する事態とはどういう状況か。

日本の島嶼が、敵に占領されたのを奪還する事態が想定されている。そのとき島は、かつての沖縄本島のような阿鼻叫喚《あびきょうかん》の地獄になっていよう。

防衛省は護衛艦「いずも」を、専守防衛逸脱の空母に改造し、短距離滑走や垂直離陸ができる、ステルス戦闘機を搭載する計画をひそかに進める。

河野克俊・統合幕僚長は、安倍首相のお気に入り。二〇一四年十二月に訪米したときにオスプレイ、水陸両用車の輸入を決めた。そればかりか「来年（一五年）夏までに安保法制を成立させる」と約束して帰国した。

安倍首相が「この夏までに成就させる」と国会に諮りもせず、米上下両院で見得《みえ》を切った時より四カ月もはやい。

政権も自衛隊も、秘密裏に暴走をはじめている。

泥船内閣

トランプ米政権の、シリアへのミサイル攻撃までも支持した安倍首相。渡米中は、リゾート地でゴルフ三昧《ざんまい》とか。

しかし、支持率は急落して26・7％（NNN調べ）。尻に火がついている状態で、命運尽きようとしている。

加計問題。「首相説明は信憑性《しんぴょうせい》ない」が66％。ウソつき、改竄《かいざん》首相として歴史に記憶されよう。

2018

4月17日

共同通信の世論調査でも、女性の回答は「首相が信頼できない」が61・7％。泥船内閣である。自浄能力を欠いた政権党の危機は深まっている。妻が名誉校長を務めていた小学校が、ただ同然で国有地を入手。「腹心の友」が経営する大学が一校だけ、五十年ぶりに認可された獣医学部の受け皿になった。

それらに関する公文書は、改竄隠蔽《いんぺい》。安倍首相は「ウミを出し切る」と官僚に責任を押しつけて、まるで他人ごとだが、ウミの発生源は本人自身なのだ。この驚天動地の二つの不正事件は、安倍首相が首相でなかったなら、発生していなかったのは自明の理である。

まったく自省の足りない首相は、取り巻きを引き立て、朴槿恵《パククネ》韓国前大統領のように行政をねじ曲げた。この汚れた両手で、世界に誇れる平和憲法が絞め殺されるのは、あまりにも不幸だ。

防衛予算は過去最高。増額した分はトランプ米大統領に押しつけられた、米製兵器の購入にまわされる。

この国はどこへむかうのか、わたしたちの怒りと知恵は、まだ足りない。

言葉の重さ

2018

「原発事故はアンダーコントロールにある」

「平和の為の集団的自衛権行使、日米同盟強化」

「妻や自分が森友問題に関係していたら総理も国会議員も辞める」

この三つは、安倍首相の歴史的な発言である。将来、「平成の三大迷言」として、安倍首相の名前とともに想い起こされることになろう。

最初の原発に関する発言は、本人の原発に関する無知が、側近の経産省出身官僚たちに利用されたと同情できないこともない、東京オリンピック開会式まで首相でいたい、子どもじみた欲望の表れだったとしても、逃げ遅れた被災者の今後の健康を思えば罪が深い。

二つ目。安倍内閣が独善的に決めた、集団的自衛権行使容認は、「専守防衛」で厳しく規制されている自衛隊を、アメリカ政府の圧力に屈服して、「自衛隊」から「米衛隊」に転換させた。

安倍首相はことあるごとに、「日米同盟一体化」を唱え、日本を米軍需産業の巨大な消費市場にした。米資系首相といって過言ではない。

三つ目。これは夫婦の事情だが、取り巻きに学校を建てさせた。便宜供与の疑いは、公務員の公文書改竄《かいざん》問題まで引き起こした。「行政の責任者」の道義的責任は大きい。

「李下に冠を正さず」。それが、権力者の節制である。

「腹心の友・加計氏」や「ドナルド、シンゾー」と呼び交わして、ゴルフに興じながら、なにを頼まれたのか。証人喚問に値しよう。

板門店の握手

2018

テレビ中継にくぎづけだった。北朝鮮の金正恩《キムジョンウン》委員長が、軍事境界線を跨《また》いで韓国側に入った瞬間、「戦争は終わった」との感慨が胸を突いた。文在寅《ムンジエイン》大統領の笑顔に、警戒の影はなかった。「ここ板門店は分断の象徴ではなく平和の象徴になった」。文氏の歴史的な名言である。

境界線のむこうは敵国だった。その両側から眺めたことが二度ほどある。両側で悪口を言い合い、緊張感が凍りついていた。

5月1日

それが一瞬にして氷解した。「対決の歴史に終止符を打つために来た」。金委員長の決意表明だ。

東西ベルリンの道を遮断していた、チェックポイント・チャーリーも、恐怖の境界線だった。いまは検問所は取り払われ、日常的な街路と化した。異常な状態は、人間の努力によって必ず修復される。歴史の教訓を信じたい。

南北和解のシーンをテレビで眺めてホッとしたのは、日本はもう悪役にならずにすむからだ。一九五〇年からの朝鮮戦争で、米軍が日本の基地から出撃し、日本は砲弾輸出などで大儲《もう》けだった。

その砲弾の下で、どれだけの人間が亡くなったことか。もしもこれから米国が北朝鮮を攻撃すれば、集団的自衛権行使で自衛隊が出動させられよう。安倍首相は軍事的「制裁強化」を叫んで、拳《こぶし》を振り上げるだろう。

世界は大きく動いている。戦争にたいする想像力も平和への強い希求も言葉もない首相では、この激動期に耐えられまい。

名誉ある地位

2018

「軍備増強」「制裁強化」。一人力んで拳を振り上げる日本の首相を尻目に、朝鮮半島の両国代表が固い握手。歴史は急転換した。

ドナルドの鼻息ばかり窺《うかが》ってきた安倍首相は、置いてけ堀。が、うろたえているだけではすまない。九日に東京で開かれる日中韓首脳会談での、北朝鮮の非核化をめぐる議論に、対米一辺倒の硬直頭がうまく対応できるのか心配だ。

5月8日

というのも、被爆の苦しみをいまなお苦しくヒバクシャがいても、世界の願いである核兵器禁止条約に参加しようとしない。原発事故の影響がこれからどのようにあらわれるか、予測つかない恐怖があっても、平然と原発再稼働を進める。

未来への先見性もいのちへの想像力も感じさせない、安倍政権だからだ。日本の憲法によって、政府の行為としての戦争を禁じられている国である。この制約があってこそ、アジアでの平和の仲介者という「名誉ある地位」（憲法前文）を占めることができる。

七十年以上にわたって戦争をしない国として信頼され、平和憲法を世界へ発信してきた。それがわたしたちの誇りである。

「何も変わりませんから」とのセールス用語で、九条に自衛隊を侵入させ、やがて戦力として、交戦権さえ認めさせようと謀る、油断ならぬ欺罔《ぎもう》の安倍政権だ。せめて中韓両国代表との会談の場で、アジアの平和への切実な希求を学んでほしい。

ろうそくデモ

2018

森友、加計問題のテレビの国会中継を眺めている。身を寄せ合って座っている安倍総理と麻生副総理の挙動に目を凝らせば、飽きることがない。言論の府の中心にいながら、質問者が発する言葉に、さまざまな人びととの希望や願いや疑問がふくまれていることへの、想像力と謙虚さがまったくみられない。

相手の言葉ばかりか、自分の言葉にさえ愛情がない。

5月15日

柳瀬唯夫元首相秘書官は、加計学園関係者と官邸で面会していたことを国会の場で告白させられた。一年以上も隠していた秘密だったのに、首相は「問題ない」と冷酷に切り捨てた。

彼の屈辱的な否認は誰のためでもない。首相のウソをかばうためのウソだったはずだ。

「妻や自分が関係していれば、総理も議員も辞める」。エエカッコシの極地。幼稚なミエに、森友の佐川宣寿前国税庁長官や加計問題の柳瀬さんは、全国中継された国会の場で、ウソの上乗りをさせられた。恥辱だったであろう。

国会は暗い。その行方はますます不安だ。ウソが憲法を侵蝕《しんしょく》している。

韓国では、国政私物化を照らし出したろうそくデモが、希望の光明となって道を埋め尽くした。

一本一本のかぼそい明かりは、無数の光の帯となり、抗議の海となって圧倒した。日本にも灯籠流しで被爆者を弔う伝統がある。

ろうそくデモの美しさで、国会前を埋め尽くし、議場を浄化しよう。

解説

鎌田慧さんの「凄み」の源泉

東京新聞特別報道部デスク
田原牧

鎌田慧さんと初めてお会いしたのは二〇〇四年十二月、狭山差別裁判で再審請求中の石川一雄さんのインタビュー記事を書いていたときのことだ。「再審を求める市民の会」の事務局長を務める鎌田さんにも一言いただきたいとお願いし、指定された東京・水道橋の喫茶店でお話をうかがった。恬淡とした印象しか残っていないのは、私が「市民」という会の名称にどこか引っかかりを覚えたからかもしれない。

それから一年ちょっと経った二〇〇六年四月四日。この日から、鎌田さんに私が働いている東京新聞「こちら特報部」の「本音のコラム」を担当していただくことになった。週一回、四百字詰め原稿用紙で一枚ちょっとのコラムである。同じころ、私も逃げ回っていたデスク役を押しつけられ、担当日にはコラムの原稿をチェックするようになった。これまでに単純計算すると、百五十本以上の鎌田さんの原稿について最初の読者を務めてきたことになる。

鎌田さんの肩書は「ルポライター」である。ご当人いわく、この職業はいまや「絶滅危惧種」

なのだそうだが、私にはどこか愛着がある。というのも、私が現在の仕事に就く前に使い走りをしていた故竹中労さんもやはりルポライターを名乗っていたからだ。しかし、同じルポライターでも鎌田さんには竹中さんの売りだったドギツさというか、香具師っぽい匂いがない。

本紙コラムでのテーマもおおむね「平和」「護憲」「反戦」「反差別」。ウケを狙って逆張りするあざとさもなく、その内容はある意味、平凡だ。しかし、世の中、平凡くらい恐いモノはない。平凡には常に凄みが息を潜めている。それは鎌田さんとて例外ではない。

その凄みはどこからくるのか。

鎌田さんは正真正銘の後期高齢者である。ところが、この高齢者は信じられないほどよく歩く。掲載日にはコラムの筆者に原稿の小刷り（ゲラ）をファックスでお送りするのだが、送り先が自宅であることはまれだ。沖縄や北海道はもとより、ときには洋上、それも地球の裏側にまで送らねばならない。

歩くことや移動することは思考と密接に絡んでいる。古代ギリシャの賢人たちも、ソクラテスは歩いて問答し、その弟子のプラトンはオリーブの樹の下、その弟子のアリストテレスは回廊を巡りながら講義した。鎌田さん好みの思想家たちは、もっとじっとしていない。マルクスはプロイセンに生まれ、パリに追放され、最後はロンドンで亡くなった。大杉栄も官憲に追われつつ、居住地の定まらない流転の生涯を送っている。

膨大な情報は自らの身を現場に移し、五感を発揮してはじめて得られる。その情報の重要性は歩くという反復行為のふるいを通じて識別される。識別された情報が相互にどう絡み、何の意味を持つのか。その分析と論理の構築に思考を凝らして、ようやく一本の原稿ができあがる。だから歩くこと、移動することはルポライターの生命なのだ。

凄みの源はそれだけではない。いまや様式美に近い「鎌田節」もそのひとつだ。ときに「また護憲の話か」と侮る読者がいる。だが、そうした読み方は不用意だ。そもそも、鎌田さんはいわゆる「反戦平和の人」ではない。もっと荒ぶれている。

記憶に残っているのは、二〇一四年の東京都知事選をテーマにしたコラムだ。この選挙では与党の支援を受けた舛添要一元厚労相と細川護熙元首相、宇都宮健児・元日弁連会長らが争い、舛添氏が当選するのだが、最大の焦点は反与党候補の一本化にあった。鎌田さんは一本化を願い、選挙期間中のコラムに一九三五年のコミンテルン（共産主義インターナショナル）大会でのブルガリア共産党書記長ディミトロフの反ファッショ統一戦線結成を呼び掛ける演説を取り上げている。宇都宮氏を担いだ共産党に対するあからさまな批判だったが、本来はこうした芸当ができる人なのだ。

しかし、普段はあちこちの闘争現場での当事者たちの日常などを綴ることが多い。それを淡々と何年も繰り返している。その一本調子こそが真骨頂なのだ。

足尾鉱毒事件で民衆の窮状を明治天皇に直訴した田中正造はこんな言葉を残している。「真理は芋を洗うが如し。同様類似の古き話を幾回も幾回も繰り返すと、自然に真理に徹底するものなり。まことに芋を洗うが如し」
繰り返しは思考停止とは異なる。繰り返しは事象の偶然性を削ぎ落とし、問題の核心を浮き彫りにしていく。「芋を洗うが如し」である。それは鎌田さんの原稿にも通じるのではないか。まして フェイクニュースが横行する現代では、繰り返しは事実の重みという碇を漂流する人びとの感情に打ち込む。

歩くことと削ぎ落としの反復。これらが鎌田さんの凄みの源泉だ。そう言い切って話を終えてもよいのだが、私はおそらく鎌田さんにはもっと怖い一面があると疑っている。

鎌田さんは慰めのような「明るい展望」を書かない。記録者の面目躍如といえなくもないが、私のような凡庸な人間は慰めなしにはなかなか立っていられない。安易な展望を自制して、綴り続ける強靭さ。その心の底にはなにがしかの使命感とか、信仰に近い思いが隠されているように思えてならない。

すでに名を馳せ、年長者であるにもかかわらず、鎌田さんは若いデスクたちにも丁寧な口調で応対し、原稿が少しでも遅れそうになれば、必ず連絡を入れる。当たり前のように聞こえるが、そう振る舞える人はなかなかいない。そうした日常の所作からも、この人のボルシェビズムにも通じる強さが伝わってくる。その強さを支える原点はどこにあるのか。

正直、謎なのだ。鎧の隙間からそれがのぞけないかと十年以上も凝視しているのだが、まだ見えてこない。この謎を解き明かすまで、鎌田さんにはもう少し歩き続けてほしいと願っている。

著者略歴
鎌田 慧（かまた・さとし）
1938年青森県生まれ。新聞記者、雑誌編集者を経て、フリーのルポライターに。労働、開発、教育、原発、沖縄、冤罪など、社会問題全般を取材、執筆。またそれらの運動に深くかかわる。著者に『新装増補版　自動車絶望工場』（講談社文庫）、『狭山事件の真実』（岩波現代文庫）、『六ヶ所村の記録』（毎日出版文化賞受賞、岩波現代文庫）など多数。

言論《げんろん》の飛礫《つぶて》——不屈のコラム

2018年8月6日　　初版第1刷発行

著　者　　鎌田　慧
発行者　　川上　隆
発行所　　株式会社同時代社
〒101-0065　東京都千代田区西神田2-7-6
電話 03(3261)3149　FAX 03(3261)3237
組　版　　有限会社閏月社
装　幀　　クリエイティブ・コンセプト
印　刷　　中央精版印刷株式会社

ISBN978-4-88683-841-4